KB148277

질문하는 독서법

질문하는 독서법

질문 독서법 5단계로 내 인생의 정답을 찾는다!

| 임재성 지음 |

내 인생의 변화를
이끌어내는 질문 독서법

평단

프롤로그

무엇이 사람을 변화시키는가?

"삶의 질을 높이려면, 끊임없이
자신에게 던지는 질문을 바꿔가야 한다."
- 앤서니 라빈스(Anthony Robbins, 변화심리학자)

나는 정말 열심히 살았다. 최선을 다해 삶에 열정을 쏟아부으며 청춘 시절을 보냈다. 감사하게도 군대를 제대하고 대기업에 입사할 수 있었다. 그렇게 3년여의 직장생활을 하다가, 보다 나에게 의미 있는 삶을 살고 싶어 회사를 뛰쳐나와 대학에 진학했다. 스물일곱 살에 늦깎이 대학생이 된 것이다.

그 후로도 낮에는 일하고 밤에는 공부하며 성실하게 삶을 이어갔다. 아침부터 늦은 저녁까지 느긋하게 밥 먹을 시간도 없이 지냈다. 직장과 공부, 어느 것도 소홀할 수 없었다. 나는 성공적이고 행복한 삶을 향해 최선을 다해 달리고 또 달렸다.

그러나 기대감을 안고 삶에 열정을 쏟아부은 결과는 너무나 허무했다. 당시 가장 유망하다는 전자계산학과에 진학했지만, 그것은 나의 오착誤錯이었다. 전자계산학은 수학이 밑바탕이 되어야 하는 학문이다. 그런데 나는 수학을 잘 못 한다. 아니, 완전 꽝이다. 지금도 숫자가 나오는 글과 이야기에는 젬병이다. 야심 차게 시작한 내 대학 생활은 첫 수업 시간부터 의욕이 꺾이고 말았다.

대학을 졸업하고 사업을 했다. 대리점 사업으로 소매점에 영업을 하며 사업 확장을 위해 열심히 뛰어다녔다. 사업은 나날이 번창했지만, 내 삶은 전혀 행복하지 않았다. 아침에 눈을 뜨기가 싫었다. 마감 때가 되면 불안은 극에 달했다. 출근하기조차 싫은 날이 시간이 갈수록 늘어났다. 그때 불안했던 감정은 지금도 수시로 꿈에 나타나 나를 옥죄이곤 한다. 얼마나 힘들게 삶을 영위했는지 꿈에까지 나타날까 싶다. 열심히 최선을 다해 살았지만 내가 원하는 삶, 의미 있는 삶, 행복한 삶은 아니었던 것이다.

그토록 열심히 살았는데, 나는 왜 의미 있고 행복한 삶을 살지 못했을까? 그 이유는 내 삶에 질문을 던지지 않았기 때문이다. 내가 좋아하고, 살아가고 싶고, 이루고 싶은 삶에 대해 질문을 던져보지 않았다. 즉 내가 어떤 사람인지에 대한 진지한 성찰이 없었다. 스스로 현명한 질문을 던지지 않으니 좋은 답도 찾을 수 없었다.

사십 대가 되어서야 나는 내 삶에 질문을 던졌다. '내가 하고 싶고, 이루고 싶고, 해야 하는 일들은 무엇인가?' 그렇게 나에게 질문을 던지자 내 인생은 거짓말처럼 달라지기 시작했다. 평범한 사업가였던 내가 인재를 양성하는 학원장이 되고, 교육문화원 원장이 되었다. 또 지금은 작가가 되어 전국을 다니며 강의를 한다. 존재 이유와 삶의 목적을 발견한 후 하루하루 의미 있는 삶을 살아가고 있다.

내가 삶에 질문을 던지고 인생을 변화시킬 수 있었던 근원은 '질문 독서'에 있다. 나는 책을 읽고 효과적인 질문을 던지며 책에서 전하는 메시지를 읽어 냈다. 그 메시지를 바탕삼아 내 삶에 적용할 것들을 벼려내는 사색의 과정을 거쳤다. 사색도 역시 질문으로 했다. 벼려낸 지식과 지혜를 어떻게 삶에 적용할 것인지도 질문을 던지며 찾았다. 그 결과 나는 6년 만에 13권의 책을 낸 작가로 성장할 수 있게 되었다. 출근이 싫어 아침에 눈을 뜨기조차 힘들어했던 사람이 '질문 독서'로 완전히 다른 삶을 살아가고 있는 것이다.

"만약 한 시간 동안 문제를 해결해야 한다면 나는 55분을 핵심이 되는 훌륭한 질문을 찾고 결정하는 데 보낼 것이다. 만약 그런 좋은 질문을 내가 찾았다면 나머지 5분 안에 나는 문제를 해결할 수 있을 것이다."
– 알베르트 아인슈타인(Albert Einstein, 물리학자)

동서고금東西古今을 막론하고 독서가 중요하지 않은 때는 없었다. 어느 시대든 독서가들이 세상을 리드하며 살았다. 책을 효과적으로 읽은 사람들이 리더가 되었고 시대를 주도했다. 특히 인공지능의 등장으로 컴퓨터와의 승부도 벌이며 살아야 하는 지금은 더욱 독서가 중요한 가치와 목표가 되었다.

많은 사람들이 독서의 중요성과 독서가 주는 유익을 알고 있다. 책을 읽고 삶이 바뀌었다느니, 직업을 바꿨다느니, 인생의 갈 길을 찾았다는 이야기는 독서에 도전하고픈 욕구를 불러일으킨다. 그래서인지 야심 차게 독서에 도전하는 사람이 많아졌다. 누구는 백 권 읽기로, 어떤 이는 천 권 읽기로, 이웃 나라 사람은 만 권 읽기로 인생을 바꿨다는 것을 알고 책 읽기에 도전한다. 그리고 열심히 책을 읽으며 삶의 변화를 꿈꾼다. 하지만 길지 않은 시간에 슬그머니 책을 내려놓는 경우가 많다.

정말 열심히 책을 읽었는데도 왜 내 삶은 그대로일까? 그것은 "왜?"라는 질문 없이 열심히만 읽었기 때문이다. 효과적인 질문을 던지지 않고 그저 책만 열심히 읽었기에 생각도 삶도 인생도 변화시킬 수 없는 것이다.

지금 이 순간에도 인생을 변화시킬만한 효과적인 독서법을 찾기 위해 여기저기를 기웃거리고 있다면, 잠시 멈춰라! 잠시 멈추고 해야 할 일은 '질문'이다. 좋은 질문을 던지는 법을 찾을 수 있다면 당신의 인생이 변화되는 것은 시간문제다. 인생은 답이 아니라 던지는 질문에 따라 변화되기 때문이다.

《질문하는 독서법》은 독서를 하면서 스스로 질문을 던지는 법에 관한 이야기다. 효과적으로 질문을 던지면서 저자가 책에서 전달하는 메시지를 발견하고, 핵심적인 문장을 찾아내어 그것을 자신의 것으로 만드는 법을 알게 한다. 그 방법도 역시 질문으로 접근한다. 생각을 벼려내 삶의 지혜로 만드는 사색의 과정도 질문으로 유도한다. 그리고 인생을 변화시킬 적용점도 질문으로 해결한다. 모든 것을 질문을 통해 인생을 변화시킬 수 있게 한다. 백 번, 천 번, 만 번의 열심 있는 '삽질'이 아니라 한 번의 '포클레인 삽'으로 문제를 해결하도록 이끈다. 한 번의 '포클레인 삽'이 바로 질문을 뜻한다.

이 책에는 '질문 독서법' 5단계가 담겨있다. 둔재였던 내가 수년 동안 질문을 던지고 독서를 하며 인생을 변화시킨 실제 나의 이야기이다. 교육생들의 얼어붙은 감성을 깨뜨리고 인생을 변화시켜 나간 방법을 온전히 실었다. '준비準備 읽기 → 독해讀解 읽기 → 초서鈔書 읽기→사색思索 읽기→적용適用 읽기' 5단계 질문 독서법에 수록한 질문을 토대로 책을 읽다 보면 어느새 문리文理가 트이고 지혜가 생성되는 경험을 할 것이다. 그러면서 인생도 서서히 변화를 일으킬 것이다. "왜?"라고 묻는 순간 우리의 뇌와 몸은 그 물음에 답하기 위해 의욕을 불러일으키기 때문이다.

또한 이 책에는 다양한 질문이 수록되어 있다. 일상의 사소한 질문부터 인생의 중요한 질문까지 곳곳에 배치되어 있다. 그리고 질문 아래에 답을 적도록 구성했다. 독자 여러분이 유념할 점은 질문들을 지나치지 말고 반드시 답을 적어보는 것이다. 질문에 답을 적다 보면 얼어붙은 생각이 깨어나 자신이 원하는 삶을 발견하고 인생을 변화시킬 단서들을 찾을 수 있다.

이제는 누군가의 독서 성공담, 독서법을 탐닉하는 사람이 아니라 독서로 인생을 변화시킨 주인공으로 변화되는 당신이 되기를 간절히 소망한다.

차례

제3장 | 질문 독서법이란 무엇인가

제4장 | 실전! 어떻게 질문하고 삶을 바꿀 것인가

제5장 | 나는 질문 독서로 인생을 바꿨다

"책은 어떤 사람에게는 울타리가 되고
어떤 사람에게는 사다리가 된다."
- 레미 드 구르몽

제1장

인생의 변화는 의문문에서 시작된다

01

/

내 인생의 마중물

"책은 어떤 사람에게는 울타리가 되고
어떤 사람에게는 사다리가 된다."
- 레미 드 구르몽
(Remy de Gourmont, 프랑스의 시인·소설가·문학 평론가)

루이스 캐럴Lewis Carroll의 고전소설 《이상한 나라의 앨리스》는 동화이지만 인생에 대한 비유와 통찰이 넘쳐난다. 그중에 인생의 갈림길에서 고민하는 사람들이 눈여겨 볼만한 질문과 대답은 독자의 시선을 사로잡기에 충분하다.

주인공 앨리스는 길을 헤매다 서로 반대쪽으로 뻗어 있는 두 갈래 길 앞에 선다. 그때 나무 위에 웅크리고 있는 체셔 고양이를 보고 앨리스가 묻는다.

"여기서 어디로 가야 하는지 가르쳐 줄래?"

고양이가 대답한다.

"그건 네가 어디로 가고 싶은가에 달려 있어."

"난 어디든 상관없어."

"그렇다면 어느 길로나 가도 돼."[1]

삶의 갈림길에 서 있는 앨리스의 모습은 마치 나의 청춘의 삶을 보고 있는 것 같았다. 나는 어디로 가야 하는지도 모른 채 인생의 길을 걷고 있었기 때문이다.

어린 시절 우리 집은 가난했다. 정치를 하셨던 아버지께서 재산을 탕진했기 때문이다. 내가 열한 살 때 아버지께서 세상을 떠나시자 집안 형편은 더 어려워졌다. 5남매를 키우기 위해 어머니의 고된 삶이 이어졌다. 그 모습을 고스란히 곁에서 지켜보았다. 나는 막내였지만, 일찍 철이 들었고, '공부보다 빨리 돈을 벌어야겠다'는 생각을 했다. 고등학교 입시를 앞두고 다양한 선택지를 놓고 고민하다 실업계 고등학교를 선택했다. 빨리 취업을 하기 위해서였다. 나름 열심히 공부해 자격증 3개를 땄다. 모두가 힘겨워하는 기계 설계 자격증도 취득했다. 기계 설계 자격증은 손에 기름을 묻히지 않는 곳으로 취

1 루이스 캐럴, 손영미 역, 《이상한 나라의 앨리스》, 시공주니어, 2001. 87쪽.

업할 수 있겠다는 기대감을 품게 했다.

그러나 현실은 혹독했다. 내가 기대한 것과 달리 취업현장은 척박했다. 황량한 벌판에 원자력 발전소를 짓는 현장이었다. 최첨단공법의 미국 기술을 배울 수 있는 기회라고 했지만, 현실은 달랐다. 내가 원하는 것과 전혀 상관없는 현장이었다. 나는 고등학교를 졸업하기도 전에 공사현장에서 힘겨운 사투를 벌여야 했다. 자신이 하고 싶지 않은 일을 하며 산다는 것이 얼마나 고달픈 일인지 실감한 시간이었다.

군대를 제대하고 고졸자 공채로 포스코POSCO에 입사했다. 많은 사람들이 부러워하는 직장이었다. 나름 자부심도 있었다. 그러나 마냥 즐겁지만은 않았다. 다람쥐 쳇바퀴처럼 도는 일상이 싫었다. 거대한 기계속의 부품처럼 살고 있다는 생각이 들었다. 답답했다. 우울한 잿빛 같은 삶이 끊임없이 이어진다고 생각하니 견딜 수가 없었다. 그래서 과감하게 사표를 던지고 회사를 나왔다. 그렇게 3년 만에 앨리스처럼 다시 인생의 수많은 갈림길 앞에 서게 되었다.

인생의 갈림길 앞에서 나는 현명한 질문을 던지지 못했다. 아니 아무런 생각 없이 갈림길 앞에 서고 말았다. 어디로 가고 싶은지, 무엇을 하고 싶은지, 어떻게 살고 싶은지 생각하지 않은 채 갈림길에서 서성이고 있었다.

우여곡절 끝에 대학 진학을 준비했다. 대학을 가려고 했던 이유는 어머니 영향이 컸다. 어머니는 자식 중에 한 명이라도 대학 교육을 시키고 싶어 하셨다. 자식들을 제대로 공부시키지 못한 것이 자신 때문이라며 한탄하시는 모습을 보고 나는 결심했다. 어머니의 한을 풀어드려야겠다고.

고등학교 성적만으로 진학할 수 있는 전형으로 어렵지 않게 입학할 수 있었다. 낮에는 서점도매점에서 일하고, 밤에 공부하는 길을 택했다. 여전히 나는 내가 무엇을 좋아하는지, 무엇을 하고 싶은지 곱씹어 보지 않았다. 사회에서 가장 인기 있는 학과에만 관심을 가졌다. 그래서 당시에 선풍적인 인기를 끌었던 전자계산학과로 진학했다. 그 후로 나는 "어디로 가는지 모르면 당신은 결국 가고 싶지 않은 곳으로 가게 된다"는 요기 베라Yogi Berra의 말을 실감할 수 있었다.

첫 전공 수업을 받는 날부터 후회가 엄습해왔다. 전자계산학과의 학문의 바탕은 수학인데, 나는 수학을 가장 싫어했다. 도저히 강의에 집중할 수가 없었다. 들어도 무슨 말인지 도통 이해할 수가 없었다. 학업에 대한 흥미는 곤두박질쳤다. 1년을 허송세월로 보냈다. 그렇다고 학업을 포기할 수도 없어 새로운 돌파구를 찾아야 했다.

그렇게 해서 선택한 것이 독서였다. 강의실 제일 뒤에 앉아 책 읽기를 시작했다. 닥치는 대로 읽었다. 서점으로 많이 출고되는 책 위주로 읽어댔다. 매일 저녁 수업시간은 온전한 독서시간이었다. 그렇게 3년 동안 나는 책 읽기에 흠뻑 빠져 살았다. 그때까지는 3년 동안의 독서가 미래의 내 인생에 어떤 의미로 다가올지 전혀 몰랐다. 하지만 세월이 흘러 알게 되었다. 그때 읽었던 책들이 내가 작가가 되는 '마중물'이 되었다는 것을.

다시 앨리스 이야기로 돌아가 보자.

어디로 가야 할지 모르는 앨리스에게 체셔 고양이는 어느 길로 가든 상관없으니 아무 길이나 선택해도 된다고 이야기해 준다. 이때 앨리스는 이렇게 설명을 덧붙인다.

"…… 어디든 도착만 한다면."

앨리스의 말에 체셔 고양이는 이렇게 말한다.

"아, 넌 틀림없이 도착하게 되어 있어. 계속 걷다 보면 어디든 닿게 되거든!"[2]

중요한 것은 계속 걷는 것에 있다. 포기하지 않고 계속 걷다 보면 의미 있는 결과물을 만들어 낼 수 있다는 것이다. 이와 비슷한 의미의 말을 스티브 잡스Steve Jobs가 2005년 미국 스탠퍼드 대학교 졸업식에서 축사로 했다. 스티브 잡스는 인생의 선택을 점과 점으로 연결하는 것으로 설명한다.

---

2 루이스 캐럴, 손영미 역, 《이상한 나라의 앨리스》, 시공주니어, 2001. 88쪽.

"지금 내린 선택이 인생의 어떤 점을 찍은 것이라면 그 점들이 미래에 어떻게 이어질지 예측할 수 없다. 점을 찍는 순간에는 그 점들을 잇기가 불가능하지만, 미래의 삶에 어떻게 해서든지 연결된다. 10년 후에 되돌아보니 그때 찍었던 점들은 아주 뚜렷하게 이어진 것을 볼 수 있었다."

스티브 잡스도 앨리스처럼 자신이 내린 선택에 최선을 다하다 보면 언젠가 그에 합당한 결과를 얻을 수 있다고 말한다.

당시의 나는 비록 원치 않는 길에 들어섰지만 그대로 주저앉지 않았다. 내가 내린 선택에 후회하고 좌절하기보다 할 수 있는 것을 찾아 최선을 다했다. 그것이 독서라는 작은 점이었고, 그 점은 훗날 작가라는 그림을 완성하는데 밑그림으로 작용했다.

책 읽기를 통해 조금 더 좋은 모습으로 변화되길 꿈꾼다면 앨리스와 스티브 잡스의 이야기에서 지혜를 발견했으면 한다. 지금 읽고 있는 책 한 권이 훗날 어떤 그림을 그리게 할지는 아무도 모른다. 책 읽기를 지속하다 보면 언젠가는 아름답고 풍성한 열매를 거두게 된다. 계속 읽다 보면 어디든 닿게 되므로.

내 인생에 던지는 질문

Q1. 지금까지 나는 어떤 선택을 하며 살아왔는가?

Q2. 지금 걷고 있는 내 인생길의 종착역에는 무엇이 있을까?

Q3. 지금 내가 최선을 다해야 하는 것은 무엇인가?

02
/
서른아홉,
내 인생의 변환점이 찍힌 날

한 권의 책을 읽음으로써 자신의 삶에서
새 시대를 본 사람이 너무나 많다.
- 헨리 데이비드 소로
(Henry David Thoreau, 미국의 철학자 · 시인 · 수필가)

한 사람 한 사람의 삶은 자기 자신에게로 이르는 길이다. 길의 추구, 오솔길의 암시다. 일찍이 그 어떤 사람도 완전히 자기 자신이 되어본 적은 없었다. 그럼에도 누구나 자기 자신이 되려고 노력한다. 어떤 사람은 모호하게 어떤 사람은 보다 투명하게, 누구나 그 나름대로 힘껏 노력한다.[3]

---

3 헤르만 헤세, 전영애 역, 《데미안》, 민음사, 2000. 9쪽.

헤르만 헤세Herman Hesse의 《데미안》 서문 내용이다. 헤세는 "우리의 삶은 자기 자신에게로 이르는 길을 걷는 것"이라고 말한다. 어떻게 살아야 자신에게 이를 수 있는지 질문을 던지고 살아가야 한다는 것이다. 자기 삶의 주체가 되어 살아가야 한다는 것을 서문으로 밝힌다. 사회와 시대와 부모가 요구한 삶을 사는 것이 아니라, 자신이 원하는 삶을 살아가야 함을 의미한다. 자기 삶의 주체로 살아가려면 내 삶을 에워싸고 있는 세계를 깨뜨려야 한다. 다른 사람이 깨뜨려줘서도 안 된다. 스스로 깨고 나와야 한다. 누군가가 대신 깨뜨려준 알에서 나온 나비는 힘찬 날갯짓을 할 수 없다. 알을 깨뜨리는 과정에서 생성된 힘을 얻지 못하기 때문이다.

그래서 헤세는 자기 자신에게로 이르는 길을 걸으려면 스스로 알을 깨고 나와야 함을 싱클레어와 데미안을 통해 전한다.

> "새는 알에서 나오려고 투쟁한다. 알은 세계이다. 태어나려는 자는 하나의 세계를 깨뜨려야 한다."[4]

나는 나를 에워싸고 있는 세계를 깨뜨리지 못한 채 살아갔다. 아무 생각 없이 눈앞에 닥친 문제를 해결하며 살기에 급급했다. 전자

---

4 헤르만 헤세, 전영애 역, 《데미안》, 민음사, 2000. 123쪽.

계산학과를 진학하며 깨달은 시행착오를 그 후로도 계속했다. 하고 싶지 않은 공부를 4년 동안 하면서도 생각의 변화를 이끌어내지 못한 것이다. 나는 3년 동안 책을 읽었지만, 여전히 이전과 같은 생각의 틀에 갇혀 있었다.

그렇다고 유리 방랑하며 살지는 않았다. 삶에 열정을 쏟아부으며 최선을 다해 살았다. 대리점 사업을 하며 전쟁터 같은 삶의 현장에서 살아남으려 애썼다. 업계에서 성실하다고 인정받아 날로 영역도 확장시켰다. 그사이 사랑하는 아내를 만나 결혼을 하고 두 아이도 낳았다. 그러나 삶의 공허함을 지울 수는 없었다. 자기 삶의 주체가 되어 살아가지 못한 여운은 늘 내 삶을 휘감았다.

대리점 사업은 내가 원해서 시작한 것이 아니었다. 누나와 매형의 권유로 사업을 하게 되었다. 불만은 없었다. 나름 안정적인 삶을 이어갈 수 있었으니 말이다. 그런데도 삶의 만족도는 나아지지 않았다. 먹고 살기 위해 발버둥 치는 지리멸렬한 삶이 이어졌다. 그때 내 삶의 활력소가 되어 주는 것이 생겼다. 바로 독서지도 공부였다.

주경야독晝耕夜讀으로 낮에는 서점에서 일하고 밤에는 학교에서 책을 읽었다. 책 읽기가 유일한 즐거움이었다. 그러나 대학을 졸업한 후 다시 책과 멀어졌다. 치열한 사업 현장에서 육체적 정신적으로 지쳐 책을 잡지 못했다. 책을 통해 쉼과 삶의 길을 모색했더라면 하는 아쉬움은 있었다. 그러나 정신없이 하루하루를 살아내기에 급급

했다.

삶의 의욕을 잃어가고 있을 때 누나의 전도로 새내기 교인教人이 되었다. 교인이 된 후 믿음이 부족한 나에게 교회학교 총무라는 직책이 주어졌다. 울며 겨자 먹기로 아이들과 함께하게 되었다. 유아부터 초등학교 6학년까지 아이들의 신앙信仰이 굳건해지도록 돕는 일이었다. 아이들은 순수했다. 농촌 도시의 특성답게 때 묻지 않고 맑았다. 그러나 밝고 순진하지만 아쉬운 점도 있었다. 아이들이 꿈 없이 살고 있다는 것이었다. 삶을 변화시킬만한 당찬 포부와 꿈이 없었다. 알을 깨뜨리고 나아가려는 의지가 없어 보였다.

나는 아이들이 각자의 알을 깨고 나오도록 돕고 싶었다. 그래서 생각한 것이 책 읽기였다. 책을 읽히면 생각이 달라질 것 같았다. 자기 삶에 밑그림을 그리고 주체적으로 살아가는 토대를 마련할 수 있을 것이라 기대했다. 비록 나는 책을 읽고 있지는 않았지만, 아이들에게만은 책을 읽히고 싶었다. 책이 주는 강력한 힘을 알고 있었기 때문이었다.

아이들에게 어떻게 책을 읽힐까를 고민했다. 주먹구구식으로 읽히고 싶지 않아 독서지도를 체계적으로 시킬 수 있는 방법을 모색해야겠다고 생각했다. 그러려면 가르치는 선생님이 제대로 된 공부를 하는 것이 좋을 것 같았다. 마땅한 선생님을 찾아도 보이지 않아 아내에게 부탁했다. 아내의 전공이 국어교육이라 안성맞춤이었다.

아내도 흔쾌히 승낙했다. 세 살 된 아들과 갓 태어난 아기가 있어 힘들지만 그래도 해보겠다고 말했다. 아내는 오프라인으로 출석해서 공부하고 나는 사업 때문에 온라인 과정을 선택했다.

온라인 과정은 강의 테이프를 듣고 공부를 하는 것이었다. 인터넷 강의가 활성화되지 않을 때라 어쩔 수 없었다. 일이 끝나면 나는 한적한 곳에 차를 세우고 강의를 들었다. 집에 가면 아이들 등쌀에 제대로 강의를 들을 수 없을 것 같아 내린 결정이었다. 테이프로 강의를 듣고 이해하기는 쉽지 않았다. 혼자서 공부하는 한계도 있었다. 두세 시간 동안 차 안에서 꼼짝 않고 강의를 듣는 일이 힘겨웠다. 책과 담을 쌓고 지낸 시간이 많다 보니 무슨 내용인지 알아듣기조차 힘들었다. 이해되지 않는 부분은 수없이 반복해서 듣고 중요한 내용은 메모했다. 그렇게 3개월은 테이프를 들어가며 공부하고, 남은 3개월은 오프라인 강의에 참석했다. 테이프로 강의를 듣는 것에 한계를 느꼈기 때문이다.

그러나 더 큰 산은 독서 감상문 과제에 있었다. 독서 감상문은 말 그대로 독서를 한 후 그 책에 대한 자신의 느낌과 생각을 정리하여 쓴 글을 말한다. 책 내용 소개뿐만 아니라 자기 생각, 느낌이 꼭 들어가야 한다. 매주 책 한 권을 읽고 독서 감상문 한 편을 써야 하는데 어떻게 해 볼 방법이 없었다. 일기 한 편 써보지 않은 내가 책 한 권을 읽고 느낀 점을 오롯이 한 페이지로 쓰는 과제는 고통이었다.

몇 시간을 앉아 끼적여도 고작 서너 줄에 그쳤다. 그래도 포기하지 않고 꾸역꾸역 과제를 제출하며 과정을 마무리했다. 자격 기준에 통과되어 독서지도사 자격증도 획득했다. 그것이 계기가 되어 학습설계사 과정에 도전하게 되었다.

학습설계사는 질문법으로 독서교재를 만드는 방법을 훈련하는 과정이었다. 이 또한 쉽지 않았다. 책이 전하는 메시지와 전혀 상관없는 주제를 선택해서 연구원들의 따가운 질문 공세를 받을 때도 많았다. 질문에 답하다 보면 내 수준이 얼마나 형편없는지 알 수 있었다. 부끄러웠다. 그래도 꿋꿋하게 질문법으로 교재를 만들며 과정을 이수했다. 책을 읽고 독서 교재를 만드는 일에 묘한 매력과 성취감을 맛보았기 때문이다. 보람도 있었다. 아이들이 책을 읽고 변화될 모습이 상상되어 입가에 미소가 지어졌다. 드디어 나는 질문법으로 독서 교재를 만드는 연구원이 되었다. 그때 내 나이 서른아홉이었다. 나는 그렇게 하나의 알을 깨뜨리고 내 삶의 주체가 되는 길에 접어들고 있었다. 독서지도로 삶을 변화시킬 변환점을 찍은 것이다.

누군가가 정해준 답이 아닌 자기 내면을 성찰하며 자신이 원하는 삶의 길을 찾는다는 것은 쉽지 않은 일이다. 그럼에도 불구하고 끊임없이 묻고 대답하며 자기 삶의 길을 모색해야 한다. 목적의식을 품고 오늘의 삶에 열정의 땀을 뿌리다 보면 꿈꾸는 미래는 더 이상 미래가 아니다. 바로 현재가 된다. 그러나 그 길의 추구는 오솔길의 암시다. 험난하고 힘겹다. 그런데도 우리는 그 길에 들어서야 한다. 그 힘겨운 사투가 곧 알을 깨뜨리고 나오려는 몸부림이기 때문이다. 알을 깨뜨리고 나와야 비로소 쉬운 길에 들어설 수 있다. 그 길은 힘겨워도 기쁨이요, 성취요, 보람이다.

에바 부인과 싱클레어의 대화처럼 말이다.

"그건 늘 어려워요. 태어나는 것은요. 아시죠, 새는 알에서 나오려고 애를 쓰지요. 돌이켜 생각해 보세요, 그 길이 그렇게 어렵기만 했나요? 아름답지는 않았나요? 혹시 더 아름답고 더 쉬운 길을 알았던가요?"

"그건 힘들었어요. 꿈이 올 때까지는요."

"그래요. 자신의 꿈을 찾아야 해요. 그러면 길은 쉬워지지요."[5]

5 헤르만 헤세, 전영애 역, 《데미안》, 민음사, 2000. 190~191쪽.

내 인생에 던지는 질문

Q1. 지금까지 내 삶의 주인은 누구였다고 생각하는가?

Q2. 자기 삶의 주체가 되기 위해 깨뜨려야 할 알은 무엇인가?

Q3. 왜 그 알을 깨뜨려야 하는가?

03

/

한계를 뛰어넘어서

"내 언어의 한계는 내 세계의 한계다."

- 루트비히 비트겐슈타인

(Ludwig Wittgenstein, 영국의 언어철학자)

"자신을… 믿으란 마말… 씀인가요?"

빅터는 레이첼 선생이 했던 말을 떠올리며 말했다. 그러자 테일러 회장은 고개를 크게 끄덕였다.

"바로 그걸세. 자네가 아무리 세상의 기준과 다른 길을 가고 있더라도, 자네 스스로 자신을 믿는다면 누군가는 알아줄 거야. 내가 이렇게 자네의 가능성을 발견한 것처럼 말이지. 하지만 반대로 자네가 자네를 믿지 못한다면, 그 누구도 자넬 믿어주지 않을 걸세."[6]

---

6 호아킴 데 포사다 · 레이먼드 조, 《바보 빅터》, 한국경제신문, 2011. 104~105쪽.

자신의 가능성을 믿고 시도하고 도전하며 살아간다는 것은 말처럼 쉽지 않다. 지능이나 배움, 능력에 대해 비난을 듣거나, 실패를 자주 경험하다보면 자기 스스로 위축이 된다. 살아온 환경에 매몰되어도 자기에 대한 긍정적인 인식을 품기 힘들다.

"세상에는 아주 단단한 것이 세 가지 있다. 강철, 다이아몬드, 그리고 자신에 대한 인식이다."

한번 규정된 자기 인식은 벤저민 프랭클린Benjamin Franklin의 말처럼 좀처럼 바꾸기 어렵다.

그럼에도 더 나은 삶으로 변화되길 원한다면 자신을 바라보는 관점을 바꾸어야 한다. 스스로 한계를 짓지 않으면 삶은 얼마든지 좋은 쪽으로 변화될 수 있기 때문이다.

나는 학창시절에 '공부 잘한다'는 칭찬을 받아본 적이 없었다. 아직도 장기기억 장치에 뚜렷하게 남아 있는 장면은 그것을 증명한다. 수학 쪽지 시험에 낙제해 방과 후에 남아서 문제를 푸는 장면이다. 초등학교 5학년 정도로 기억한다. 공식을 이해해서 문제를 풀어야 하는데 선생님의 설명을 들어도 도통 무슨 말인지 이해할 수가 없었다. 아무리 문제를 붙들고 씨름해도 명쾌하게 풀리지 않았다. 남아 있는 친구들의 자리가 하나둘 비어갈 때마다 느꼈던 초조함은 몇십 년이 흐른 지금까지 선명할 정도다. 수학에 대한 두려움이 그때 내 마음에 확고하게 자리를 잡았던 것 같다. 그 후로 나는 숫자만 보면 머리가 하얗게 변했다. 그것이 학습에 대해 스스로 한계를 짓는 계기가 되었다.

학습에 대한 부정적인 자기 인식은 질문법으로 교재를 만들 때 되살아났다. 저자의 의도를 읽어내지 못하고 교재를 만들면서 느낀 좌절감은 초등학교 5학년 교실로 나를 되돌려 놨다. 자신이 없었다. 내가 작품을 해석하고 느낀 것이 옳은지 자꾸만 의심 되었다. 작품을 해석하고 느낀 점은 사람마다 다르다고 이야기할 수 있다. 그러나 그 전에 전제되어야 하는 것은 작가가 의도하는 핵심을 읽어내야 한다는 것이다. 작가의 의도를 완전히 꿰뚫은 후 다른 관점으로 해석하고 바라볼 수 있다면 괜찮겠지만, 나는 작가의 의도조차 파악하기 힘들어했다. 그렇다고 포기할 수는 없었다. 내 인생의 다른 선택지를 모두 제거했기 때문이다.

독서지도 방법을 공부하면서 나는 사업을 완전히 정리했다. 아내와 함께 토요일이면 교회에서 독서스쿨을 진행하고, 평일에는 공부방을 차려 독서법을 지도하며 교과 공부도 가르쳤다. 교회 아이들과 공부방에서 가르칠 독서교재를 스스로 만들어 사용했다. 연구원으로 제출해야 하는 교재도 성실히 만들어 보냈지만 얼마나 활용되었을지 의문이 들었다. 퇴로가 막힌 인생길에서 나는 지독하게 질문법으로 교재를 만들고 또 만들었다. 스스로 한계를 지어놓은 울타리에 갇혀 있을 수 없었기 때문이다. 나 스스로 그 울타리를 박차고 나와야 했다. 간절함이었다. 지금 또 주저앉는다면 더 이상 기회가 와도 그 기회를 붙잡을 수 없을 것만 같았다.

질문법으로 만든 교재가 하나둘 쌓여가자 점점 작가의 의도가 보였다. 책을 통해 무슨 이야기를 나누고, 토론하고, 적용시켜야 할지 파악이 되었다. 책을 읽으면서 깨닫고, 사색하고, 그것을 정리해서 교재를 만들고, 다시 나만의 생각으로 정리하여 글을 적어 나갔다. 그런 일련의 과정들이 모여서 13권의 책을 쓴 작가가 될 수 있었다.

미국의 흑인 빈민가에서 미혼모의 딸로 태어나, 아홉 살 때 사촌 오빠에게 성폭행을 당하고, 14살에는 미혼모가 되고, 20대에는 마약에 손을 대 감옥살이를 한 여성이 있다. 그 사이 몸무게는 100킬로그램을 훌쩍 넘겼다. 하지만 그녀는 1998년부터 미국인이 가장 좋아하는 방송인으로 거듭난다. 25년 동안 자신의 이름을 딴 토크쇼를 진행하며 강력한 영향력을 발현한다. 그녀는 바로 〈오프라 윈프리 쇼〉를 진행한 오프라 윈프리Oprah Winfrey이다.

한 사람의 인생이 완전히 바뀌게 된 이유는 무엇일까. 그것은 바로 책 읽기였다. 성인이 돼서 만난 아버지가 오프라 윈프리에게 "책을 읽어라. 그러면 너의 인생도 180도 달라질 것이다"라고 말해준다. 그 말에 힘입어 그녀는 2주일에 한 권씩 책을 읽어 나간다. 책을 읽고 나서는 느낀 것을 바탕으로 글을 썼다. 독해와 글쓰기 능력이 향상되자 공부도 해보고 싶다는 자신감이 생겼다. 그리고 세상에 대해 닫혔던 마음도 서서히 열렸다. 나도 한번 해보면 되겠다는 열정은 매사에 긍정적인 사고로 바뀌었다. 책이 그녀를 새로운 인생을 살게 한 것이다.

그녀는 훗날 인생을 회고하면서 이렇게 말했다.

"나는 책을 통해 인생에 가능성이 있다는 것과 나처럼 세상에 사는 사람이 또 있다는 걸 알았다. 독서는 내게 희망을 주었다. 책은 내게 열린 문과 같았다."

조선시대 최고의 시인으로 불리는 김득신은 타고난 둔재鈍才였다. 열 살이 돼서야 글을 배우기 시작했을 정도로 글을 깨우치는 능력이 더뎠다. 주변에서는 글을 읽고 이해하는 능력이 떨어지니 글공부를 시키지 말라고 할 정도였다. 김득신의 독서법은 '반복 읽기'였다. 《백이전》은 11만 3천 번을, 한유韓愈의 《사설》은 1만 3천 번을 읽었다고 한다. 다른 책들도 만 번 이상 읽었다. 스스로 둔재라는 것을 알았기에 숱하게 반복해서 읽었으리라.

다음 일화를 들으면 고개가 끄덕여진다.

김득신은 어느 날, 하인과 함께 길을 가는데 길가 집에서 익숙한 글귀가 들려오자 하인에게 말한다.

"이 글의 내용은 참으로 익숙한데 도대체 무엇인지 기억이 나지 않는구나."

그 말에 하인은 이렇게 대답한다.

"나리, 정말 모르시겠습니까? 이 글은 나리께서 수도 없이 읽으셔서 저도 알고 있습니다요."

그 글귀는 김득신이 11만 3천 번을 읽었다는《백이전》이었다. 하인은 문밖에서 귀로만 듣고도 무슨 내용인지 알아챘지만, 글을 읽은 당사자는 무슨 내용인지 가물가물했다. 그런데도 김득신은 포기하지 않고 글을 읽고 또 읽어 59세에 이르러 과거에 급제했다. 당시 과거 급제는 30세 이전에 하는 것이 보통이었으니 얼마나 늦게 벼슬에 올랐는지 알게 한다. 김득신이 그토록 반복해서 책을 읽은 것은 자신이 어떤 사람인지 파악했기 때문이리라.

그가 생전에 묘비에 적을 문구를 적어 둔 것을 보면 알 수 있다.

'재주가 남만 못하다고 스스로 한계를 짓지 마라. 나보다 어리석고 둔한 사람도 없겠지만 결국에는 이룸이 있었다. 모든 것은 힘쓰는데 달렸을 따름이다.'

김득신은 자신이 둔재임을 알았지만 스스로 한계를 짓지 않았다. 될 때까지 반복하고 또 반복했다. 그런 노력이 쌓여서 조선 최고의 시인이 될 수 있었다.

도입부 이야기의 주인공은 세계 수재들의 모임 '멘사MENSA'의 회장을 지낸 세리브리아코프Victor Serebriakoff이다. 사실 그는 천재였다. 하지만 어린 시절 내성적인 성격과 말을 더듬는 버릇, IQ가 73이라는 것에 놀림을 당하면서 스스로 한계를 정하고 17년을 바보로 산다. 우연한 기회에 자신의 능력을 인정받아 애프리 회사에 취직하고 테일러 회장을 만난다. 회장은 천재인 빅터가 오랫동안 바보로 살아온 것이 안타까워 자신을 믿으라고 조언해 준다. 빅터는 테일러 회장의 말에 힘입어 천재적인 능력을 발휘하며 새로운 인생을 살아간다.

자기에 대한 인식은 강철과 다이아몬드처럼 단단하다. 그럼에도 우리는 그 단단한 벽을 허물어뜨려야 한다. 자기 스스로 한계를 짓고 규정해버린다면 '책 읽기'로 변화를 이끌어낼 수 없다. 우리에게 필요한 것은 생각과 삶이 변화될 그 날까지 포기하지 않고 해보겠다는 의지뿐이다.

내 인생에 던지는 질문

Q1. 나는 스스로 어떤 사람이라고 인식하고 있는가?

Q2. 그런 인식이 '책 읽기'로 삶의 변화를 추구하는 데 어떤 영향을 주는가?

Q3. 자신에게 용기를 주는 한마디를 해준다면, 무엇인가?

04

/

독서의 궁극적인 목적을 분명히 하다

"독서를 할 때는 가장 먼저 뜻을 세워야 한다. 뜻이 정해져 있지 않으면 끝내 일을 이루기 힘들다."

- 주희(朱熹, 중국 남송의 성리학자)

도스토옙스키가 쓴 《카라마조프의 형제들The Brothers Karamazov》의 초고에서는 인간이 그 존재 목적에 대해 회의할 때 영혼에 어떤 무시무시한 일이 일어나는지를 종교 재판소장이 묘사하는 내용이 나온다. "인간 존재의 비밀은 그저 생존하는 것뿐 아니라… 무엇인가 확실한 것을 위해 사는 것이기 때문이다. 자신이 무엇을 위해 사는지 확고하게 이해하지 못한다면, 인간은 삶을 수용할 수 없고 지구상에 살아남기보다는 오히려 자신을 파괴하게 될 것이다…."[7]

---

7 오스 기니스, 홍병룡 역, 《소명》, IVP, 2006. 8쪽.

세계적인 연설가이자 변증가인 오스 기니스Os Guinness는 《소명》을 통해 인생의 중심 목적을 설정하는 것이 얼마나 중요한지를 역설한다. 우리 개개인은 인생의 어느 시점에서든 자기 인생 목적에 질문을 던지고 그것을 찾는다는 것이다. 이 질문에 답을 찾지 못하면 어떤 일이 발생하는지 앞의 글을 통해 메시지를 던진다.

인간 심연의 가장 깊은 곳까지 꿰뚫어 보는 통찰을 가진 문학가뿐만 아니라 학자들도 이구동성으로 인생의 궁극적인 목적을 발견하는 것이 무엇보다 중요하다고 말한다. 세계 3대 석학으로 불리는 윌리엄 데이먼William Damon 스탠퍼드 교수가 가장 대표적이다. 그는 30년 동안 인간발달연구를 하며 "인생에서 가장 중요한 것은 인생의 목적을 발견하는 것"이라고 그의 저서 《무엇을 위해 살 것인가》를 통해 이야기한다. '무엇을 위해 살 것인가?'에 대한 답이 인생에서 가장 중요한 답이라는 것이다. 그리고 이 질문에 답을 찾기 위해 끊임없이 질문하고 답을 찾으라고 조언한다. "나에게 중요한 것은 무엇인가? 왜 이것이 중요한가? 내 삶에서 궁극적으로 하고자 하는 바는 무엇인가?" 뚜렷한 인생의 목적은 "평온할 때는 행복을, 힘들 때는 인내할 수 있는 힘을 준다"면서 말이다.

나는 내 삶에 '무엇을 위해 살 것인가?'라는 질문을 던져 본 적이 없었다. 그저 주어진 환경에 순응하며 살기 바빴다. 만족스럽지 못한 회사생활을 할 때도 벗어날 수 있기만 바랐다. 전자계산학과를 선택하고 후회했을 때도 달라지지 않았다. 사업을 할 때도 마찬가지였다. 인생에 썰물이 생기면 탄식하고, 밀물이 몰려오면 안심하면서 안주했다. 사선지 도돌이표 음표처럼 삶의 사이클은 반복되었다. 쳇바퀴처럼 돌아가는 인생에 탈출구가 보이지 않았다. 열쇠를 잃어버린 채 잠겨 있는 자물쇠 같은 삶이었다. 답답했다. 그러나 책을 읽으면서부터 잿빛 인생에 서서히 밝은 햇살이 스며들기 시작했다.

책을 읽으면서 나는 내 삶에 질문을 던지기 시작했다. 이제까지 삶과 다르게 살려면 어떻게 해야 할까? 함께 하는 아이들이 어떤 모습으로 변화되면 좋을까? 책 읽기를 통해 내가 추구해야 할 인생의 궁극적인 목적은 무엇일까? 나는 질문을 던지고 그에 합당한 인생의 목표를 발견하기 위해 힘썼다. 어떤 가치를 밑바탕 삼아 살아가야 할지 고민했다. 그때 《모리와 함께한 화요일》을 만났다. 루게릭병에 걸려 인생의 마지막을 살아내고 있는 모리 교수를 그의 제자 미치 앨봄이 화요일마다 만나서 나눈 대화를 묶은 책이었다.

그 안에 이런 글귀가 실려 있었다.

"인생은 밀고 당김의 연속이네. 자넨 이것이 되고 싶지만, 다른 것을 해야만 하지. 이런 것이 자네 마음을 상하게 하지만, 상처받지 말아야 한다는 것을 자넨 너무나 잘 알아. 또 어떤 것들은 당연하게 받아들이

네. 그걸 당연시하면 안 된다는 사실을 알면서도 말이야. 상반됨의 긴장은 팽팽하게 당긴 고무줄과 비슷해. 그리고 우리 대부분은 그 중간에서 살지."

"무슨 레슬링 경기 같네요."

"레슬링 경기라. 그래. 인생을 그런 식으로 묘사해도 좋겠지."

교수님은 웃음을 터뜨린다.

"어느 쪽이 이기나요?"

난 어린 학생처럼 묻는다. 그는 내게 미소 짓는다. 그 주름진 눈과 약간 굽은 이를 하고서.

"사랑이 이기지. 언제나 사랑이 이긴다네."[8]

신선한 충격이었다. 삶의 마지막을 살아가는 인생의 성찰이라 묵직하게 내 마음에 와닿았다. 나는 모리 교수의 말을 바탕삼아 내가 사랑하며 섬겨야 할 것들은 무엇일지 고민했다. 그런 질문과 고민은 무엇을 위해 살아야 할지에 대한 답을 내놓게 했다.

그때 나는 마틴 루서 킹Martin Luther King 목사의 연설문을 인용해 나만의 인생 목적을 설정해 글로 적어 보았다.

---

8 미치 엘봄·모리 슈워츠, 공경희 역, 《모리와 함께한 화요일》, 살림출판사, 2017. 61쪽.

나는 꿈이 있습니다. 청소년들에게 균형 잡힌 가치관[성(聖-靈), 애(愛), 덕(德), 지(智-知), 정(情), 미(美)]과 삶의 목표가 분명하지 않은 사람들에게 비전을 심어주는 날이 올 것이라는 꿈이 있습니다.

나는 꿈이 있습니다. 실력을 갖춘 교육전문가와 비전 강사가 되어 전국을 다니며 강의를 할 수 있는 날이 오리라는 꿈이 있습니다.

나는 꿈이 있습니다. 2013년까지 내 이름으로 된 책을 출판하여 많은 사람이 꿈과 비전을 실현하는 데 도움을 줄 수 있는 날이 오리라는 꿈이 있습니다.

나는 꿈이 있습니다. '한결 청소년 문화센터'와 '한결 장학 재단'을 설립하여 매년 30명 이상에게 장학금을 전달할 수 있는 날이 오리라는 꿈이 있습니다.

나는 꿈이 있습니다. 나를 통하여 꿈을 꾸고 준비하여 영향력을 발하는 삶을 사는 이들이 배출되는 날이 오리라는 꿈이 있습니다.

인생의 변환점을 맞이하고 2년 후에 나만의 삶의 목적을 설정했다. 그때가 2007년이었다. 먼 미래에 내 이름으로 된 책 한 권을 내고 싶었고, 꿈이 없는 청소년들을 사랑의 마음으로 돕고 싶었다. 그리고 나처럼 아무런 목적 없이 사는 사람들을 도와주고 싶었다. 나는 그렇게 인생의 궁극적인 목적을 설정해 놓고 주어진 일에 최선을 다하며 살아갔다.

세월의 나이테가 늘어갈수록 나는 더 많은 책을 읽고 질문지를 만들고 아이들과 나누었다. 질문법으로 독서를 하는 양이 늘어갈수록 생각의 변화가 생기기 시작했다. 나의 지나온 삶이 이해되고 앞으로 어떻게 살아가야 할지가 보였다. 세상의 흐름도 조금씩 꿰뚫는 안목이 생겼다. 서너 줄밖에 못 쓰던 글도 제법 필력이 붙었다. 글쓰기에 대한 자신감은 학생들과 함께 책 쓰기 도전을 하도록 이끌었다. 자기 인생의 밑그림을 그리고 그것에 스토리를 부여한 글을 써서 자기만의 자서전을 쓰도록 한 것이다. 이것이 바로 미래자서전이다.

미래자서전 쓰기로 인생을 설계한 것은 좋은 반응을 일으켰다. 학생들이 자기 삶의 이야기를 글로 쓰면서 변화하기 시작한 것이다. 부모들도 변화된 아이들의 모습에 칭찬이 자자했다. 자서전이 지닌 효과가 대단하다는 것을 느끼고 나도 내 인생의 자서전을 썼다. 학생들을 가르칠 때 느꼈던 보람과 다른 성찰과 의미를 느낄 수 있었다. 자서전이 지닌 힘을 직접 경험한 것이다.

나는 이때 확신을 했다. 미래자서전 쓰기로 인생을 설계한 과정을 책으로 써보면 좋겠다고. 그렇게 해서 나의 첫 책《미래자서전으로 꿈을 디자인하라》가 탄생했다. 2010년에 책을 계약하고, 2011년 12월에 내 인생의 첫 책이 출간되었다. 2013년에 내 이름으로 된 책을 내겠다는 계획보다 2년이나 빠르게 이루었다. 책이 나온 후 서서히 영역을 넓히며 강연도 하기 시작했다. 인생의 궁극적인 목적들이 하나둘씩 성취되어 갔다. 참 놀라웠다. 책을 읽고 그것을 삶에 적용하고 실천했더니 내 삶이 변화되기 시작한 것이다.

책 읽기로 삶을 변화시켜야겠다는 마음을 품고 있는가? 그렇다면 독서를 통해 이루고 싶은 인생의 목적을 디자인해보기를 권한다. 자신이 무엇을 위해 사는지 확고하게 이해하지 못한다면, 오히려 자신을 파괴하게 될 것이라는 말을 기억하면서 독서를 통해 이루고 싶은 목적을 디자인하라. 그러면 머지않은 날, 자신이 설정한 인생의 목적에 도달해 있는 현실을 목도目睹하게 될 것이다.

한 가지 더 기억하면 좋은 것은 샤를 단치Charles Dantzig의 말이다. 우리가 책을 읽는 이유가 여기에 있기 때문이다.

"우리가 책을 읽는 이유는 이기심에서 비롯되지만, 결국 독자가 얻게 되는 것은 이타심이다. 애당초 책을 읽을 때 이타심 같은 것은 원한 적이 없다고 해도 그렇다."[9]

"왜 책을 읽는가? 지식의 경계를 확장하고, 편견을 없애며, 이해의 폭을 넓히기 위해서이다. 왜 책을 읽는가? 자기 울타리 안에 갇혀 편견 속에 살면서 무지를 사랑하는 사람들을 이해하기 위해서이다."[10]

---

9 샤를 단치, 임명주 역, 《왜 책을 읽는가》, 이루, 2013. 39쪽.
10 샤를 단치, 임명주 역, 《왜 책을 읽는가》, 이루, 2013. 91쪽.

내 인생에 던지는 질문

Q1. 내가 살면서 가장 중요하게 여기는 가치는 무엇인가?

Q2. 그 가치가 실현된다면 그로 인해 나와 주변과 세상에 어떤 영향을 끼칠 것 같은가 ?

Q3. 책을 통해서 궁극적으로 얻고 싶은 것은 무엇인가?

05

/

인생의 변화는 의문문에서 시작된다

"질문으로 파고드는 사람은
이미 그 문제의 해답을 반쯤 얻은 것과 같다."
- 프랜시스 베이컨
(Francis Bacon, 영국의 화가 · 법관 · 정치가 · 철학자)

세계적인 작가 레프 톨스토이Leo Nikolayevich Tolstoy의 작품의 특이점 중 하나는 '의문문'[11]으로 독자에게 다가간다는 것이다. 불후의 명저로 꼽히는《사람은 무엇으로 사는가》에는 '사람의 마음에는 무엇이 있는가? 사람에게 허락되지 않는 것은 무엇인가? 사람은 무엇으로 사는가?'라는 의문문이 나온다. 사람이 가져야 할 마음가짐과 살아가면서 추구해야 할 삶의 목적을 질문을 통해 문학적으로 풀

11 의문문 : 화자가 청자에게 질문을 하여 그 해답을 요구하는 문장

어간다. 이 작품에서 천사 미하일은 이 세 가지 진리를 깨달아야 다시 하늘나라로 돌아갈 수 있다. 톨스토이는 미하일을 통해 사람은 사랑으로 살아가야 함을 이야기한다.

톨스토이의 또 다른 저서《세 가지 질문》에서는 '세상에서 가장 중요한 때는 언제인가? 세상에서 가장 중요한 사람은 누구인가? 세상에서 가장 중요한 일은 무엇인가?'라는 의문문으로 삶의 진리를 찾도록 돕는다. 톨스토이는 세 가지 질문에 대한 답을 이렇게 내놓는다. 가장 중요한 때는 바로 지금이고, 가장 중요한 사람은 지금 옆에 있는 사람이며, 그를 위해 선행을 베푸는 것이 가장 중요한 일이라며 인생의 정수精髓를 풀어낸다. 또《사람에겐 얼마만큼의 땅이 필요한가》는 인간 내면에 내재된 탐욕을 적나라하게 펼쳐내며 우리 삶을 되돌아보게 한다. 과연 인간에게 필요한 땅은 얼마나 되는지 말이다.

이처럼 톨스토이는 인간의 삶에 필요한 덕목들에 의문문을 던지고 그 답을 찾는 과정을 풀어내며 메시지를 전한다. 의문문으로 인간이 추구하는 삶을 통찰하고 그 해결책을 제시해 나간다. 자기 삶에 던지는 의문문이 얼마나 중요한 것인지를 톨스토이는 깨닫게 한다.

인생의 변화를 이끌어 낸 사람들은 대부분 자기 삶에 의문문을 던지고 해답을 찾았다. 선택의 갈림길에 설 때마다 의문문으로 나아갈 방향을 탐색했다. 동시대를 살고 있는 사람 중에는 유시민이 있다. 그는 정치인에서 자유인으로 살기로 결정하며 《어떻게 살 것인가》라는 책을 내놓는다. 자신의 미래를 새롭게 고민하고 설계하는 책의 제목을 의문문으로 정한 것이다. 그리고 책의 서문에는 이런 의문문을 적어 놓는다.

> "나는 무엇인가? 나는 누구인가? 어떻게 살아야 하고 어떻게 죽는 것이 좋은가? 의미 있는 삶, 성공하는 인생의 비결은 무엇인가? 품격 있는 인생, 행복한 삶에는 어떤 것이 필요한가?"[12]

위와 같은 의문문은 "독립한 인격체로서 사회에 첫발을 내딛는 청년들뿐만 아니라 인생의 마지막 페이지를 이미 예감한 중년들도 피해갈 수 없는 질문"이라고 이야기한다.

니체Friedrich Nietzsche는 자기 인생에 '왜?'라는 의문문이 있어야 자기만의 인생을 살 수 있다고 강조한다. 그의 저서 《우상의 황혼》에 그 이유를 이렇게 전한다.

---

12 유시민, 《어떻게 살 것인가》, 생각의 길, 2013. 11쪽.

"어떻게 살아야 할지 삶의 방법론을 담은 책은 많지만, 내게 맞는 것을 찾기는 어렵다. 타인의 방식이 내게 맞지 않은 것은 당연한 일이니 전혀 이상할 게 없다. 문제는 내가 던지는 '왜?'라는 물음의 내용을 나 스스로 전혀 인식하지 못하는 데 있다. 왜 그 일을 하고 싶은가? 왜 그렇게 되려고 하는가? 왜 그 길로 가려고 하는가? 내면으로부터의 이런 물음에 분명한 평가 기준을 갖추지 못했기 때문에 답을 찾지 못하는 것이다. '왜?'라는 의문부호에 스스로 답을 제시할 수 있어야만 무엇을 어떻게 해야 할지 알게 됨으로써, 이제 그 길을 가는 일만 남게 되는 것이다."[13]

철학가든, 문학가든, 현시대를 살고 있는 사람이든, 의미 있고 행복한 삶을 살려면 자신에게 던지는 의문문이 있어야 함을 알려주는 이야기라 울림을 더한다.

내가 의문문으로 삶을 재정비했을 때는 사십 대를 지척에 두고 있을 때였다. 나는 질문법으로 독서 교재를 만들면서 의문문의 중요성을 깨달았다. 제대로 된 의문문 하나가 책에서 전하는 핵심을 파악하게 했다. 하나의 의문문이 나뿐만 아니라 학생들의 생각을 깨우치고 깊은 사고를 하도록 이끌었다. 책을 읽고 무심코 지나쳤던

---

13 사이토 다카시, 이정은 역, 《곁에 두고 읽는 니체》, 홍익출판사, 2015. 216쪽.

것들을 더욱 깊이 있게 관찰하고 성찰하는 습관을 갖게 했다.

어떤 학생들은 자신이 걸어가는 길에 의심을 하기도 했다. 어떻게 인생을 살아갈 것인가 스스로 의문을 품고 질문을 던졌다. 그리고 해답을 찾기 위해 갖은 노력을 기울이며 자신이 원하는 삶을 발견해 나갔다. 나도 변해가는 학생들을 보며 내 삶을 자세히 살피기 시작했고, 내가 진짜 원하는 인생의 길에 접어들 수 있었다.

천재이지만 17년을 바보처럼 살았던 빅터를 기억하는가. 바보처럼 살아가던 빅터가 천재적인 능력을 발휘하며 살게 된 계기도 의문문에 있었다. 당연한 것을 당연하게 여기지 않고 의문문을 던진 것이 삶의 변화시킨 핵심이다.

그 이유가 《바보 빅터》에 이렇게 나와 있다.

"대부분의 사람들은 생활에서 뭔가 이상한 점을 느껴도 그것을 알아보려고 하지 않습니다. 오히려 이상한 점을 당연하게 여기기까지 하죠. 하지만 호기심이 왕성한 사람들은 그냥 넘어가지 않습니다. 그들은 질문을 하죠. 왜? 왜? 왜? 언제 어디서나 질문하는 사람. 이들이 애프리가 원하는 창조적인 인재들입니다. 바로 빅터 씨처럼요."[14]

---

14 호아킴 데 포사다 · 레이먼드 조, 《바보 빅터》, 한국경제신문, 2011, 88쪽.

인간의 삶뿐만 아니라 인류의 과학적인 진보도 의문문에서 비롯되었다. 근대 물리학의 아버지 뉴턴Isaac Newton은 "사과는 왜 땅으로 떨어질까?"라는 의문문으로 만유인력(중력)을 발견했다. 또 자동차 왕 포드는 "인간이 아니라 자동차가 이동할 수는 없을까?"라는 의문문으로 대량생산의 시대를 활짝 열었다. 자동차 조립을 한 곳에서 작업원들이 드나들며 차례로 조립하는 모습을 보고 던진 질문이 컨베이어 벨트를 발명하게 했다. 아인슈타인은 "만일 우리가 로켓에 빛을 실으면 그 빛의 속도가 빨라질까?"라는 의문문으로 상대성이론을 발견했다. 모차르트는 "이게 과연 나의 최선인가?"라는 의문문으로 수많은 명곡을 탄생시켰다.

학문함에 있어서도 의문을 품는 것이 중요하다. 그 이유를 조선시대 실학자 이익은《성호사설》을 통해 이렇게 밝힌다.

"학문은 반드시 의문을 일으켜야 한다. 의문을 일으키지 않으면 얻어도 야물지가 않다. 의문이란 의심하고 머뭇대면서 결정하지 못하는 것을 말하는 것이 아니다. 이렇게 해야 옳은 줄 안다면 반드시 이렇게 하면 안 된다는 것도 아울러 살펴야 한다. 그래야 비로소 제대로 얻게 된다. 그렇지 않으면 어떤 사람이 혹 잘못된 것을 옳다고 우겨도 대응할 수가 없다."

학문에 진보가 있으려면 의문을 품어야 한다. 의문문으로 의심을 제거할 수 있어야 야물어지는 것이다. 어느 한쪽 면만 보고 그것을 전체로 알아버리면 그 깊이가 얕아진다. 그래서 의심을 하고 의문문으로 그 의심을 제거해 나가야 한다. 의심이 생겼음에도 의문을 갖지 않고 질문하지 않으면 문제의 본질에 도달할 수 없다. 인생도 다르지 않다. 자신이 걸어가고 있는 길에 의심을 품고 의문을 던져야 한다. 의문문은 때로 시행착오를 겪게 한다. 다양한 인생 경험은 삶을 단단하게 하고 어떤 어려움도 극복할 면역력을 갖게 한다.

독서를 함에서도 의문문은 필요하다. 그저 읽기만 해서는 삶을 변화시킬 수 없다. 책에 따라 책을 읽는 이유가 분명하게 있어야 한다. 그 책을 통해 배우고 깨닫고 적용해야 할 것을 분명하게 알아야 변화가 일어난다. '이 책을 읽어야 하는 이유는 무엇인가? 이 책을 통해 무엇을 깨닫고 배우고 익히고 실천해야 하는가?' 가장 좋은 책은 그 책을 읽고 삶의 변화를 일으킨 책이다. 문리文理가 트이려면 의문문이 필요하다. 지금 이 책을 읽는 이유부터 의문문을 던지고 찾아보라.

"아름다운 질문을 하는 사람은 언제나 아름다운 대답을 얻는다."

미국의 시인 커밍스E. E. Cummings의 말처럼 삶을 아름답게 바꾸려면, 그에 맞는 질문이 필요한 법이다. 인생의 변화는 의문문에서 시작되므로.

내 인생에 던지는 질문

Q1. 내 인생에서 가장 필요한 의문문은 무엇인가?

Q2. 의미가 있는 삶, 행복한 삶은 무엇인가?

Q3. 나는 훗날 어떤 사람으로 기억되고 싶은가?

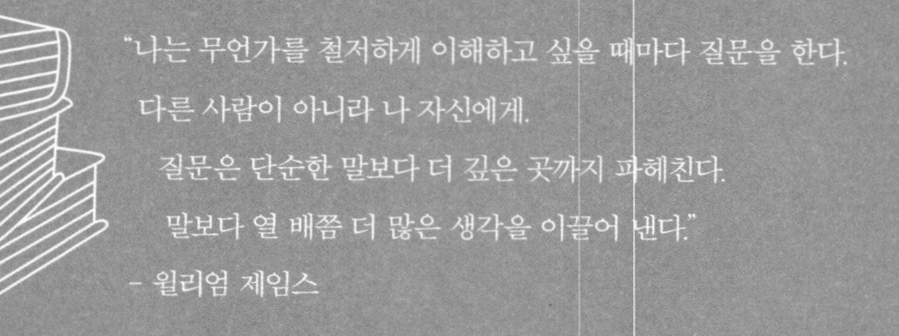

"나는 무언가를 철저하게 이해하고 싶을 때마다 질문을 한다.
다른 사람이 아니라 나 자신에게.
질문은 단순한 말보다 더 깊은 곳까지 파헤친다.
말보다 열 배쯤 더 많은 생각을 이끌어 낸다."
- 윌리엄 제임스

제2장

본질을 꿰뚫는 질문의 힘

01
/
인문학은 왜 힘이 있는가

"나는 무언가를 철저하게 이해하고 싶을 때마다 질문을 한다.
다른 사람이 아니라 나 자신에게.
질문은 단순한 말보다 더 깊은 곳까지 파헤친다.
말보다 열 배쯤 더 많은 생각을 이끌어 낸다."
- 윌리엄 제임스(William James, 미국의 심리학자 · 철학자)

스티브 잡스로부터 시작된 인문학 열풍이 좀처럼 사그라지지 않고 있다. 출판시장에서는 인문학적 요소를 바탕으로 하는 책이 유난히 많아졌다. 도서관을 비롯해 학교, 기업, 평생교육원, 지자체강좌에서도 인문학을 부르짖는다. 나도 그 현장에 있다.

내가 집필한 책 중 인문학과 관련된 책이 4권에 이른다. '도대체 어떻게 살아야 해?'라고 질문을 던지는 이들에게 인문학적 사고로 답을 찾도록 쓴 책이 《인문학 브런치 카페》이다. 브런치Brunch를 먹는 것처럼 가볍게 인문학에 접근해 스스로 깨닫고 자기 삶의 길을 사색하도록 도왔다.

인성이 무너진 청소년들의 삶을 보며 인문학으로 사람답게 살아가는 방법을 제시한 《청소년을 위한 인성인문학》도 있다. 유대인 지혜의 근간이 되는 탈무드를 풀어낸 《지금 내게 탈무드가 필요한 이유》, 또 동양의 군주론이자 인간 심리학의 고전 한비자를 바탕으로, 혼란한 시대를 살아가는 지혜를 《한비자의 인생수업》에 담아냈다.

강의 현장에서는 '인문학에서 나의 미래를 찾는다!'라는 주제로 진로를 탐색하도록 돕고 있다. '인문학적 사고'라는 주제로 공무원 강의도 정기적으로 이어가고 있다. 강의 요청 제목을 보면 대부분 '인문학' 글자가 들어갈 정도로 이미 인문학은 우리 삶 깊숙이 침투해 있다. 기업에서는 '인문학Liberal Arts적'인 사고와 '기술Technology'을 융합하여 제품을 만드는 연구에 심혈을 기울이고 있다. 인문학이 더 이상 범접하기 어려운 범주가 아니라 대중적인 학문이 된 것이다.

인문학이 왜 이렇게 우리 삶에 깊이 파고들었을까? 그것은 시대가 인문학을 요구하기 때문이라고 볼 수 있다. 인문학적인 사고로 무장해야 시대를 통찰하고 사람답게 살아가는 법을 배울 수 있기 때문이다. '인문학人文學'을 문자 그대로 해석하면 이해가 쉬울 것 같다. 인문학은 말 그대로 '사람'을 대상으로 하는 학문이다. 인간의 존재, 인간의 마음, 인간의 생각과 행동의 근원을 탐구하는 학문이다. 즉, 사람이란 무엇이고 어떻게 살아왔고 어떻게 살아가야 행복하고 사람답게 살아갈 수 있을지 배우는 것이다. 사람의 본성을 들여다 볼 수 있어야 한 치 앞도 예측할 수 없는 시대를 읽어내고, 사람의 마음을 어루만져주고, 삶의 문제를 해결할 지혜를 발견할 수 있다.

그런데 인문학으로 사람에 대해 배운다는 것은 말처럼 쉽지 않다. 큰마음 먹고 인문학책을 구입해서 한두 장을 넘기다가 슬그머니 책장을 덮기 일쑤다. 읽어도 무슨 내용인지 간파하기가 어렵다. 내용 자체가 어렵기도 하지만, 인문학은 답을 알려주지 않는다. 실용적인 학문과 달리 인문학은 인생에서 필요한 덕목들을 직접 알려주지 않는다. 인생의 어려움에 직면했다면 그 문제를 어떻게 극복하며 나아가야 할지 해답을 제시하지 않는다. 대신 다양한 삶의 이야기들을 보여주고 사람의 본연의 모습을 살필 수 있는 기회를 제공한다. 정답 대신 질문이다. 스스로 자신과 세상과 삶에 질문을 던지고 답을 찾도록 유도하는 것이다. 그래서 인문학을 '질문의 학문'이라고 한다.

인문학은 사람과 삶에 대한 근원적인 질문과 답으로 이루어진다. 그중 가장 대표적인 질문 세 가지는 이렇다. 이 세 가지 질문에 답을 찾기 위해 인문학책을 읽는다고 해도 과언이 아니다.

첫 번째 질문에 대한 정의는 연세대학교 김상근 교수가 답해준다.

"인문학은 인간의 본질적인 문제, 가령 '나는 누구인가'와 같은 질문을 던짐으로써 인간됨에 대한 성찰을 끌어내는 일이다. (중략) 인문학이 추구하는 기본 가치는 어떻게 하면 인문학적 삶을 통해 통찰을 얻을 수 있을까 하는 것이다. 그것은 나 자신에게 진실한 삶, 이웃과 더불어 사는 도덕적인 삶, 그리고 아름다움을 추구하는 멋진 삶과 의미 있는 죽음을 위해 사는 삶이다. 그러므로 결국 우리가 고민해야 할 인문학의 가장 기본적인 질문은 '나는 누구인가?'에 대한 성찰이다."[15]

'나는 누구인가?'는 인간의 본질을 밝히는 인문학의 첫 번째 질문이다. 이 질문에 대한 답을 찾기 위해 인문학 서적을 탐독해야 한다. 나는 누구인가에 대한 답을 찾았다면 두 번째 질문 '어떻게 살아갈 것인가?'라는 질문을 던질 수 있어야 한다.

"인문학적 성찰이 '나는 누구인가'에만 머무른다면 그것은 매우 이기적인 일인지도 모르겠습니다. 인문학은 자기 성찰에서 출발해 이웃과 세상 사람들, 그리고 사회 속에서 행동하고 실천하는 작업까지 이어져야 합니다. 그렇기에 인문학은 반드시 두 번째 질문인 '어떻게 살 것인가'로 나아가야 합니다."[16]

---

15 강신주 · 김상근 외 4명, 《나는 누구인가》, 21세기북스, 2016. 80쪽.
16 고은 · 최인철 외 7명, 《어떻게 살 것인가》, 21세기북스, 2016. 14쪽.

김상근 교수는 더불어 사는 삶을 살려면 어떻게 살 것인가에 대한 질문을 던져야 한다고 강조한다. 우리 사회의 현주소를 보면 어떻게 살 것인가에 대한 진지한 성찰이 필요함을 깨닫는다. 인문학적인 질문과 성찰의 부재는 무한이기주의를 낳았다. 부익부 빈익빈의 문제도 여기에서 기인한다고 볼 수 있다. 더불어 사는 삶에 대한 진지한 물음을 던지지 않았다는 것이다. 결국 모두가 더불어 사는 삶을 살려면 어떻게 살 것인지에 대한 질문을 던지고 답을 찾아야 한다.

인문학이 추구하는 세 번째 질문은 '나는 어떻게 죽을 것인가?'이다. 의미 있고 아름다운 소멸을 위해 어떤 삶을 추구해야 하는지 성찰을 이끌어내는 질문이다. 연세대학교 정재현 교수는 세 번째 질문에 대한 의미를 이렇게 이야기한다.

> "죽지 않을 것처럼, 아직 죽지 않은 것처럼 살지 말고 이미 죽은 사람으로 살라는 것입니다. '죽음을 기억하라!Memento mori!'는 바로 이를 가리킵니다. 그렇게 되면 지금 사는 삶은 덤으로 사는 것입니다. 덤의 시간들, 순간들, 그것이 바로 지금입니다. 그래서 한마디로 추립니다: '자신의 현재를 사랑하라!Carpe diem!'"[17]

---

17 최재천 · 황농문 외 6명, 《나는 어떻게 죽을 것인가》, 21세기북스, 2016. 215쪽.

어떻게 죽을 것인가의 질문은 먼 훗날의 이야기가 아니다. 바로 현재를 살아가는 법을 생각하게 한다. 의미 있는 죽음은 오늘의 삶에 있기 때문이다. 어떻게 죽을 것인가의 질문은 오늘을 성찰한다는 의미가 내포되어 있다.

인문학이 추구하는 대표적인 세 기둥은 문학, 사학, 철학이다. 사람과 관련된 분야는 모두 인문학 범주에 들어가지만, 대표성을 띤 것은 이 세 학문이다. 철학(밝을 철哲, 배울 학學)은 철학자의 사유를 통해 무언가를 밝히는 학문이다. '무엇'에 문제를 제기해 질문을 던지고, 그 답에 대해 다시 반성하고 탐구하는 과정이다. 그런 과정을 통해 인간과 삶, 세상의 이치를 탐구하고 연구해 그 원리와 의미를 깨우친다. 철학은 질문 없이는 아무것도 파헤칠 수 없다.

칸트Immanuel Kant는 크게 세 가지 질문을 던지고 무엇을 탐구할지를 결정했다.

첫째, 나는 무엇을 알 수 있을까?

둘째, 나는 무엇을 해야만 하는가?

셋째, 내가 바랄 수 있는 것은 무엇인가?

'나는 무엇을 알 수 있을까'라는 질문은 '인식론'을 의미한다. 인간이 어떤 방법으로 무언가에 대해 알아가게 되는가를 밝히는 질문이다. '무엇을 해야만 하는가'는 인간의 행위와 실천 목표를 결정하는 과정과 관련된 질문이다. '내가 바랄 수 있는 것'에 대한 질문은 신神은 존재하는지, 죽음 이후는 어떻게 될지 과학적으로 증명할 수 없는 영역에 의문을 던지고 삶의 근본적인 이유를 밝힌다. 칸트는 이 세 가지 질문을 통해 '인간이란 무엇인가?'라는 물음으로 이어간다. 내가 알 수 있는 것, 무엇을 해야만 하는지, 바라는 것의 한계는 어디까지인지에 대한 의문들은 '나는 누구인가'라는 질문으로부터 비롯된 것이다. 그 질문은 결국 '어떻게 살아갈 것인가'로 이어진다.

역사는 인류의 삶을 되돌아보면서 그 변화의 추이를 살펴 인간이 추구하는 것이 무엇인지 발견하고 탐구한다. 그런데 한 가지 유념해야 할 것이 있다. 역사는 승자의 기록이라는 것이다. 승자의 관점에서 역사를 기록한 것이 대부분이다. 그러므로 아무런 의심 없이 받아들여서는 곤란하다. 그래서 역사를 기록한 주체가 누구인지 따져보아야 한다. 균형감 있는 역사 인식을 가지려면 역사를 바라보는 관점이 상극되는 도서들을 읽으면 좋다. 예컨대 진보와 보수가 주장하는 책을 두루 읽어보는 것이다. 그래야 왜곡된 역사 인식에서 벗어날 수 있다. 또한 역사를 올바르게 인식하려면 인과 관계를 꼼꼼히 따지며 읽어야 한다.

'왜 그런 일이 일어났을까?'

'그런 일이 일어날 수밖에 없는 상황은 어디서부터 비롯되었을까?'

'그 역사적 사실을 통해 무엇을 배우고 바꾸어야 하는가?'

'청산해야 할 사건과 역사는 무엇인가?'

위와 같은 질문을 통해 지나온 삶을 따져보고 어떻게 살아갈 것인지 밝혀야 한다.

문학은 사람 사는 이야기를 작가의 상상력을 동원해 풀어낸다. 비유와 상징으로 이야기한다. 작가가 전하려는 메시지를 행간에 숨겨두고 여러 비유를 통해 상징들로 보여준다. 그래서 문장 안에 갇히면 안 된다. 문장에 갇히면 그 의도와 메시지를 온전히 읽어낼 수 없기 때문이다. 문장의 앞과 뒤를 꼼꼼히 살피고, 행간의 의미를 추론하며 작가의 의도를 파헤치며 읽도록 힘써야 한다. 그 의미는 프란츠 카프카Franz Kafka가 1904년 친구 오스카르 폴라크에게 보내는 편지글에서 찾을 수 있다. 인문학 작가 박웅현이 《책은 도끼다》에 서술해 유명해진 문구이기도 하다.

"요컨대 나는 우리를 마구 물어뜯고 쿡쿡 찔러 대는 책만 읽어야 한다고 생각해. 만약 읽고 읽는 책이 머리통을 내리치는 주먹처럼 우리를 흔들어 깨우지 않는다면, 왜 책 읽는 수고를 하느냐 말야? 자네가 말한 것처럼 책이 우리를 즐겁게 하기 때문일까? 천만에. 우리에게 책이 전혀 없다 해도 아마 그만큼은 행복할 수 있을지도 몰라. 우리를 행복하게 만드는 책들은 우리가 궁지에 몰린 상황에서도 쓸 수 있단 말야. 우리가 필요로 하는 것은 마치 우리 자신보다도 더 사랑했던 이의 죽음처럼, 아니면 자살처럼, 혹은 인간 존재와는 아득히 먼 숲속에 버림받았다는 기분마냥 더없이 고통스런 불운으로 와 닿는 책들이라고. 책은 우리 내부에 있는 얼어붙은 바다를 깰 수 있는 도끼여야 해. 나는 그렇게 믿고 있어."[18]

내면에 꽁꽁 얼어 버린 그 무엇이 깨지지 않아도 괜찮다. 문장을 통해 작가가 숨겨 놓은 의도를 읽어내는 것만으로도 문학책을 읽는 재미가 쏠쏠하다. 하나의 감동적인 문장을 만나면 그 문장이 한 사람의 삶을 뒤흔들어 놓을 수도 있다.

인문학 독서는 결국 질문이다. 책을 통해서 효과적인 질문을 던지고 그 해답을 찾는 과정에서 자신이 어떤 사람인지, 앞으로 어떻게 살아가야 할지, 탁월한 삶을 추구하다 어떻게 죽음을 맞이할 것인지 해답을 얻을 수 있다. 질문 독서에서 던지는 질문도 이와 다르지

---

18 알베르토 망구엘, 정명진 역, 《독서의 역사》, 세종서적, 2016. 141쪽.

않다. 책을 읽고 그에 부합하는 질문을 던지며 자기 인생을 탐색하고 나아갈 길을 밝히는 것이다. 기대하는 마음으로 질문 독서법을 알아가도록 하자. 질문은 보이지 않는 세계를 보게 하는 마력이기 때문이다.

내 인생에 던지는 질문

Q1. 내가 생각하는 인문학의 정의는 무엇인가?

Q2. 내가 고쳐야 하는 독서습관은 무엇인가?

Q3. 인문학책 중 독파해보고 싶은 책은 무엇인가?

(보고 싶은 책과 관련된 모든-해석, 원서 등- 도서를 읽으며 끝장을 보시길 권함.)

02

/

유대인이 세계 최고가 된 비결

"질문들은 하나의 체계로서 함께 작동한다. 이해를 위해
다양한 질문 유형들을 체계화하기 시작할 때, 지혜롭게
생각하고 행동할 수 있는 능력도 확장된다."
- 제이미 맥킨지
(Jami McKinsey, 〈프롬 나우 온 : 에듀케이션 테크놀로지 저널〉 중에서)

유대인은 세계 인구의 0.2% 비율에 불과하다. 하지만 세계를 주도하고 있다. 각 분야에서 인류에 가장 큰 공헌을 하는 사람에게 주는 노벨상을 받는 비율은 22%다. 노벨 경제학상은 42%에 달할 정도다. 세계 억만장자 중 30%가 유대인이다. 〈포춘Fortune〉 선정 500대 기업 CEO 중에도 유대인의 비중은 10% 이상을 차지한다. 미국 경제 대통령으로 불리는 미연방준비제도이사회 의장은 4대 연속 유대인이다. 창의성을 바탕으로 하는 대표적인 기업 구글과 페이스북의 CEO

는 모두 유대인이다. 하버드대학교 유대인 학생은 30%이다. 미국 아이비리그 교수 중 유대인의 비율은 무려 40%를 차지한다. 유대인의 우수성을 나타내는 통계들이다. 과연 무엇이 세계 인구의 0.2%에 불과한 유대인을 세계 최고가 되게 했을까?

유대인이 세계 최고가 되는 비결은 교육에 있다. 신앙교육과 가정교육으로 양분되는 것이 그들 교육의 핵심이다. 교육의 바탕을 이루는 두 개의 큰 줄기는 《토라Torah》와 《탈무드Talmud》이다. 《토라》는 구약성서 앞부분의 5권인 '모세 5경'으로, 유대인이 목숨처럼 지키며 살아가는 율법을 수록해 놓은 책이다. 그들은 율법을 생명처럼 지키는데 《토라》는 헌법과 같은 역할을 한다. 그런데 《토라》는 매우 어렵다. 그것을 이해하려면 해설서가 필요하다. 그 해설서가 《게마라Gemara》이다. 또 글로 기록해 놓지 못한 율법도 존재하는데 그것이 바로 《미쉬나Mishna》이다. 입으로 전해 내려온 구전 율법을 말한다. 《탈무드》는 《토라》와 입으로 전해 내려오는 율법의 해설서를 함께 모은 책이다. 일상생활에 필요한 지혜를 망라해 수록한 책인 것이다. 가족, 평화, 전쟁, 죽음, 친구, 교육, 경제, 행복, 유머 등 인생과 관련된 지혜가 담겨 있다. 그래서 유대인들은 《탈무드》를 '가지고 다니는 조국', '유대인 5천 년의 지혜', '유대인의 혼'이라고 부른다. 그만큼 유대인들의 삶에 결정적인 역할을 한 것이라는 의미다.

유대인들은 세 살 때부터 《토라》를 암송한다. 일곱 살 때까지는 완전히 암송할 수 있어야 한다. 《토라》로 신앙의 정체성을 확립하고 삶 속에 실천해야 할 덕목들을 어렸을 때부터 확고하게 다져놓기 위함이다. 수천 년 동안 축적된 지혜의 보고寶庫 《탈무드》로는 인생의 지혜를 배운다. 어린 시절부터 짝을 지어 《탈무드》 내용으로 질문하고, 대화하고, 토론하며 논쟁한다. 살아가면서 필요한 지식과 지혜를 스스로 발견하도록 하기 위함이다. 정답을 정해놓은 것이 아니라 스스로 논리를 덧붙이고 자기만의 생각을 가질 수 있도록 끊임없이 질문을 던지고, 대화하고, 토론하면서 논쟁을 이어간다. 합리적인 결론을 도출할 때까지 끝까지 한다.

《탈무드》에는 4개월, 6개월, 심지어 7년이라는 긴 세월 동안 토론을 계속했다는 이야기도 나온다. 이런 과정을 수천 년 동안 꾸준히 이어오고 있는 것이 유대 교육의 핵심이다.

그 핵심을 네 가지로 간추리면 이렇다.

첫째, 책을 사랑하는 마음이다. 유대 가정에는 텔레비전이 없다. 대신 그 자리에는 책장이 있다. 스스로 '책의 민족'이라고 밝힐 정도로 책을 사랑한다. 랍비 임마누엘은 책 사랑을 이렇게 말한다.

"만일 잉크가 책과 옷에 떨어졌다면, 먼저 책에 떨어진 잉크를 닦아낸 다음에 옷에 묻은 잉크를 지워라. 만일 책과 돈을 동시에 땅에 떨어뜨렸다면 책을 먼저 집어 들어라."

이스라엘에는 헌책방이 없다. 한번 책을 사면 오랫동안 간직하며 읽고 또 읽는다. 그들의 책 사랑을《탈무드》에는 이렇게 전해 내려온다. '책이 없는 집은 영혼이 없는 몸과 같다.' 영혼이 없는 육체는 이미 존재 이유를 상실한 것과 다름없다는 것이다.

랍비 이븐 티븐의 말은 책 사랑의 결정체로 불릴 정도다.

"책이 그대의 친구가 되게 하라. 책을 그대의 동반자로 삼아라. 책장을 그대의 낙원으로 삼으며 과수원이 되게 하라. 그 낙원에서 즐겨라. 그리고 향기롭고 좋은 과일을 모아라. 거기에서 꺾은 장미로 그대를 장식하여라. 후추의 열매를 따라. 뜰에서 뜰로 옮겨 아름다운 경치를 바꾸어가며 보아라. 그리하면 그대의 희망은 늘 신선하며 그대의 영혼에는 기쁨이 타오를 것이다."

지금의 유대인을 있게 하는 원동력이 바로 책에 있다는 것이다.

둘째, 독서능력이다. 책을 사랑한다는 것은 책에 담긴 내용을 사랑한다는 뜻이다. 책만 쌓아놓고 그럴듯하게 보이기 위한 목적이 아니라는 것이다. 혹시 책으로 자신을 그럴듯하게 포장하려고 하는 사람이 있다면 따끔하게 충고한다. '책만 잔뜩 짊어지는 당나귀는 되지 마라'고 말이다. 책을 읽고도 그 의미를 깨닫지 못하는 사람에게 날리는 일갈一喝이다. 《탈무드》에 있는 내용을 보면 이해가 쉬울 것이다.

> "책을 많이 읽어도 그저 읽기만 해서는 당나귀가 책을 등에 싣고 가는 것이나 다름이 없다. 당나귀가 아무리 많은 책을 등에 지고 있다고 해도 그것은 당나귀 자신에게는 도움은커녕 짐만 될 뿐이다. 책은 대답을 얻기 위해서 읽는 것이 아니라, 질문을 받고 스스로 거기에 대한 자기 생각을 정리하기 위해서 읽는 것이다."

책을 읽고도 자기 생각을 갖지 못하면 당나귀로 비유한다. 어리석음의 대명사, 당나귀를 빗대어 어리석은 사람이라고 비꼬는 것이다. 유대인들이 책을 읽는 목적은 자기 생각을 정리하기 위해서이다. 책 내용을 있는 그대로 받아들이는 것이 아니라 그 내용을 통해 자기 생각을 만들어 지혜를 얻기 위함이다. 어느 누구도 흉내 낼 수 없는 나만의 생각을 만들어내는 것이 독서의 목적이다. 누구도 흉내 낼 수 없는 생각은 바로 창의성이다. 아인슈타인Albert Einstein, 스티븐 스필버그Steven Spielberg, 마크 주커버그Mark Zuckerberg, 래리 페이지Larry Page 등 유대인이 창의적인 분야에 두각을 드러낸 이유가 여기에 있다.

셋째, 질문하는 능력이다. 우리나라 부모들은 학교를 다녀온 아이에게 "오늘 선생님 말씀 잘 들었니?"라고 묻는다. 그러나 유대 부모들은 "오늘 선생님에게 무슨 질문을 했니?"라고 묻는단다. 무엇을 배웠는지보다 중요하게 여기는 것이 질문하는 능력이라는 것을 알게 한다.

창조적인 능력은 배움에서 나온 것이 아니다. 스스로 생각을 만들어 내는 능력에서 나온다. 좋은 질문 하나를 던질 수 있는 능력이 필요한 것이다. 그러면 그에 합당한 해답이 나오게 된다. 성문 헌법이라고 여기는《토라》를 공부할 때도 질문을 던지며 공부할 정도다. 있는 그대로 받아들이는 것이 아니라 질문을 던지고 더 나은 방법으로 율법을 실천할 지혜를 발견하기 위함이다.《탈무드》가 만들어지는 배경을 보면 알 수 있다.《탈무드》는 수없이 질문을 던지고, 대화하고, 토론하고, 논쟁한 것을 집대성해놓은 책이다. 유대인들의 공부 핵심은 바로 질문에 있는 것이다.

유대 교육은 랍비들이 책임진다. 신앙교육부터 일상에 필요한 부분까지 랍비들이 가르친다. 유대인들이 꿈꾸는 직업 1위도 랍비다. 그렇게 존경받는 랍비에게 필요한 능력은 지식전달이 아니다. 질문하는 능력이다. 랍비는 질문을 던지는 사람이기 때문이다. 질문을 던져 아이들이 스스로 생각할 수 있도록 돕는 역할을 한다.

《하브루타 질문수업》에는 랍비들이 학교에서 하는 질문을 이렇게 실어 놓았다.

"질문이 막힌 아이에게 '왜 이런 단어를 사용했을까?', '어떤 생각이 들었어?', '정말 좋은 생각이다. 어떻게 그런 생각을 했어?', '이 아이는 표정이 왜 이럴까?' 등의 질문을 던지는 것입니다."[19]

랍비는 학생들이 스스로 생각하도록 돕기 위해 질문을 던지도록 이끈다. "왜?"라고 물으면 그때부터 그 문제를 해결하기 위해 뇌가 움직이기 시작하기 때문이다. 스스로 생각하고 깨우칠 수 있도록 돕기 위함이라는 것을 알 수 있다.

넷째, 하브루타Havruta 교육법이다. 하브루타는 함께 이야기를 나누는 것을 의미한다. 친구, 부모, 선생님과 짝을 지어 질문하고, 대화하고, 토론하고, 논쟁하는 것을 말한다. 유대문화는 하브루타에서 형성되었다고 해도 과언이 아니다. 전쟁으로 나라를 잃고, 학살을 당하고, 수용소에 갇혀 살면서도 그것을 견뎌낸 것은 하브루타로 벼려낸 인생의 지혜였다. 유대인들은 수천 년 동안 하브루타 교육법으로 교육을 이끌어왔다. 유대 삶의 바탕이 되는《토라》와《탈무드》를 어린아이와 나이가 많은 스승이 서로 질문을 주고받으며 갑론을박

19 DR하브루타교육연구회,《하브루타 질문수업》, 경향비피, 2016. 45쪽.

논리를 펼친다. 어린아이라고 무시하거나 권위로 제압하지 않는다. 한 사람의 인격체로 존중하며 질문을 던지고 답을 한다. 하나의 주제에 대해 진지한 성찰은 생각의 깊이를 더했고 자기만의 생각을 만들어냈다. 어떻게 하면 자신들의 신이 바라는 대로 살 것인지 깨달은 것이다.

유대인들이 교육에서 제일 강조하는 세 가지가 있다. 첫째는 독서, 둘째는 당연히 여기지 않는 자세이다. 모든 것에 의문을 품고 끊임없이 질문을 던지는 자세를 강조한다. 셋째는 실패를 두려워하지 않는 자세이다. 실패해도 괜찮으니 끊임없이 질문을 던지고, 시도하고, 도전하라는 정신이다. 하브루타는 이 세 가지의 덕목을 모두 포함하고 있다.

책을 읽지 않고는 좋은 질문을 던질 수 없다. 독서로 쌓아 올린 배경 지식은 대화하고, 질문하고, 토론하고, 논쟁하는데 밑거름이 된다. 아는 지식이 없으면, 한두 번 묻고 대답하면 더 이상 깊이 있는 질문을 이어갈 수 없다. 꿀 먹은 벙어리가 되어 눈만 껌벅거린다. 하브루타는 말 잘하는 스킬을 배우는 것이 아니다. 논리력과 상상력과 창의적인 사고를 바탕으로 합리적이고 비판적인 사고를 기르는 것이다.

유대인이 세계 최고가 된 비결은 책을 읽고 질문을 던지며 그 안에서 지혜를 벼려낸 것에 있다. 내가 '질문 독서법'에서 추구하는 이상적인 가치와 부합하는 부분이 많다. 질문을 통해 책의 내용을 간파하는 '독해 읽기', 삶의 지침이 될 만한 문구를 발췌하여 암송하며 깨달음을 얻는 '초서 읽기', 분석하고 비판하고 생각을 벼려내고 토론 논쟁으로 자기만의 생각을 굳건하게 하는 '사색 읽기', 그리고 깨닫고 분석하고 사색한 것을 삶에 적용하여 실천하는 '적용 읽기'는 유대 교육에서 추구하는 것과 일맥상통한다.

그러므로 질문 독서법에서 이야기하는 방법들을 삶에서 실천하다 보면 우리도 유대인을 뛰어넘는 민족으로 거듭날 수 있을 것이다. 우리에게는 그런 저력이 있다.

내 인생에 던지는 질문

Q1. '책만 잔뜩 짊어지는 당나귀'가 되지 않으려면 어떻게 해야 할까?

Q2. 한 달에 책에 투자하는 비용은 얼마나 되는가?

Q3. 책을 읽고 나서 던지는 질문은 보통 어떤 것인가?

03
/
인공지능시대에 필요한 능력

"반대하거나 논쟁하기 위해 독서하지 말라.
그렇다고 해서 있는 그대로 수용하기 위해서도 독서하지 말라.
그저 자신이 생각하고 연구하기 위해서 독서하라."
- 프랜시스 베이컨
(Francis Bacon, 영국의 화가·법관·정치가·철학자)

인류는 지금 대변혁의 문 앞에 서 있다. 인공지능 AI, 로봇 공학, 자율주행 자동차, 3D 프린팅, 퀀텀 컴퓨팅Quantum Computing, 나노기술 등으로 발발된 제4차 산업혁명의 시작 때문이다. 인간의 상상을 뛰어넘는 과학기술의 혁명은 우리 삶을 송두리째 바꿀 태세로 밀려오고 있다.

2016년 3월, 인공지능 알파고Alphago와 이세돌 기사의 바둑대결이 우리나라에서 벌어졌다. 기계와 인간의 대결은 세계의 이목을 집중시키기에 충분했다. 더구나 경우의 수가 매우 다양한 바둑만큼은 기계가 인간을 이길 수 없다고 여겼기에 더욱 관심이 집중되었다. 전문가들은 알파고가 이세돌을 이길 수 없다고 단언했다. 이세돌 기사도 가볍게 알파고를 제압하겠다고 호언장담했다.

그러나 막상 뚜껑을 열어보니 상황은 급변했다. 대수롭지 않게 여긴 알파고는 연달아 인간을 제압했다. 치밀하게 계산된 수읽기로 실수 없이 돌을 놓았다. 바둑전문가들에 의하면 이세돌도 거의 실수를 하지 않았다고 말한다. 그런데도 인공지능으로 무장된 기계에 승리할 수 없었다. 이세돌 기사는 간신히 1승을 올렸다. 인간에게 1판을 내준 알파고는 능력을 업그레이드했다. 그 후 단 한 번도 인간에게 지지 않았다고 한다. 컴퓨터가 접근하기 힘들다는 창의적인 영역에서조차 인간은 기계에 무릎을 꿇고 말았다.

그런데 더 무서운 것은 기계가 인간의 모든 분야를 잠식하고 있다는 것이다. 인공지능으로 무장한 자율주행 자동차는 운전기사를 두지 않아도 될 만큼 자동차계의 변혁을 예고하고 있다. 3D 프린팅은 부품 산업을 집어삼킬 태세다. 3D 프린터로 집까지 대량생산하고 있으니 건축계까지 흔들릴 것이다. 요리계도 안심할 수 없다. 일본의 대형 초밥집에는 요리사 없이 인공지능이 모든 것을 해결한단다.

이 외의 다양한 분야에서도 인공지능과 로봇들은 인간의 일자리를 잠식하고 있으며 점차 직업도 사라지고 있다. 1~3차 산업 때처럼 대체 직업이 생기지 않겠냐고 희망을 품는 사람이 있다. 그러나 많은 전문가는 지금과 전혀 다른 현실 앞에 놓일 것이라고 경고한다. 실제로 전문가들은 현재 직업의 47%가 앞으로 없어질 것이라고 말한다. 자신이 꿈꾸고 있는 산업과 직업이 사라지는 현실 앞에 서게 된 것이다.

> "제4차 산업혁명은 디지털 혁명을 기반으로 다양한 과학기술을 융합해 개개인뿐 아니라 경제, 기업, 사회를 유례없는 패러다임 전환으로 유도한다. '무엇'을 '어떻게'하는 것의 문제뿐 아니라 우리가 '누구'인가에 대해서도 변화를 일으키고 있다."[20]

세계경제포럼의 창립자이자 회장인 클라우스 슈밥Klaus Schwab은 "제4차 산업혁명은 우리의 정체성까지 흔들 것"이라고 말한다. 인류의 존폐를 걱정해야 할 처지에 놓인 것이다. 그렇다고 인공지능에 넋 놓고 침몰당할 수는 없다. 살아남을 수 있는 대안이 필요하다. 과연 우리는 어떤 능력을 소유해야 시대를 주도하고 살아남을 수 있을까?

우리나라 최고의 뇌과학자 중 한 명인 카이스트의 김대식 교수는

---

20 클라우스 슈밥, 송경진 역, 《클라우스 슈밥의 제4차 산업혁명》, 새로운현재, 2016. 13쪽.

《김대식의 인간 vs 기계》에서 미래 인재들에게 인공지능 시대에 갖추어야 할 능력을 이렇게 말했다.

"창의적이지 않으면 살아남을 수 없어요. 여기서 창의적이란 새로운 가치, 즉 존재하지 않는 데이터를 만들어낼 수 있는 능력, 혹은 처한 상황과 세상을 냉철하게 분석할 수 있는 능력, 또는 분석해서 얻어낸 결론을 내가 실천할 수 있는 도전정신과 같은 것이죠."[21]

김대식 교수의 말대로 이제는 창의적인 인재로 거듭나는 게 중요하다. 스스로 문제를 발견하고 그 문제를 해결하는데 요구되는 도전정신을 갖추는 인재가 살아남을 수 있다는 것이다. 그런 의미에서 인공지능시대를 이끄는 두 축인 구글과 페이스북의 CEO들이 어떤 교육을 받아왔는지 살펴볼 필요가 있다. 구글의 래리 페이지Larry Page와 세르게이 브린Sergey Brin, 페이스북의 마크 주커버그Mark Zuckerberg는 모두 유대인이다. 유대인은 창의적인 분야에서 세계를 주도하고 있다. 창의적인 산물의 선두에 있는 영화산업은 유대인을 통하지 않고는 영화를 만들 수 없을 정도다. 미국의 7대 메이저 영화사 중 디즈니를 뺀 나머지 파라마운트, MGM, 워너브라더스, 유니

21 김대식, 《김대식의 인간 vs 기계》, 동아시아, 2016. 308~309쪽.

버설스튜디오, 20세기 폭스, 컬럼비아 영화사 모두가 유대인이 창업했다.

유대인들이 창의적인 분야에서 앞서갈 수 있는 이유는 후츠파chutz-pah의 영향이 크다. 후츠파는 히브리어로 '뻔뻔함', '담대함', '저돌성', '무례함'을 의미한다. 형식과 권위에 얽매이지 않으며 끊임없이 질문하는 정신이다. 때로는 뻔뻔하면서도 자신의 주장을 당당히 밝히는 이스라엘 특유의 도전정신이다. 후츠파는 형식 타파, 권위에 대한 질문, 섞임과 어울림, 위험 감수, 목표 지향성, 끈질김, 실패로부터 교훈 얻기의 7가지 정신을 기반으로 한다. 한마디로 평등한 수평 문화를 의미한다. 그들은 사장이라도 평사원과 같은 사무실에서 함께 근무한다. 원활한 의사소통과 직위에 상관없이 자기주장을 펼치도록 개방적인 문화를 만들기 위해서이다. 도전정신과 수평 문화가 창의적인 분야에 앞장서게 한 것이다.

아인슈타인은 노벨물리학상을 받는 자리에서 상을 받은 비결을 이렇게 말했다.

"세상 사람들은 규칙을 지키는 것이 가장 중요한 가치라고 생각하지만, 나는 반대로 규칙을 뒤집었을 때 우리에게 가장 필요한 새로운 규칙이 탄생할 것이라고 믿는다."

유대인은 하나의 문제를 백 명이 풀면 백 개의 답이 있다고 생각한다. 하나의 답을 찾는 우리와 다르다. 그만큼 유대인들은 다른 시각으로 생각할 것을 권한다. 다양성을 중시하는 것이 창의성을 기르게 한 것이다.

우리나라 역사상 가장 창의적인 산물을 많이 쏟아낸 시대가 있었다. 바로 세종이 즉위했을 때이다. 세종은 '독서의 왕'이다. 세종만큼 책을 많이 읽은 왕은 없었다. 집현전을 만들어 신하들에게도 책과 가까이하도록 도왔다. 또 유대인의 후츠파 정신을 신하들이 펼칠 수 있도록 장을 마련해주었다. 또한 신하들과 스스럼없이 토론하고 논쟁했다. 즉위하고 신하들 앞에서 제일 먼저 한 말도 "의논하자"였다. 만약 의견이 다르면 서로 논쟁을 붙였다. 서로의 생각들을 충돌하게 해 다르고 새로운 관점으로 생각하고 바라보게 했다. 서로 질문하고 토론하고 논쟁하는 과정에서 창의적인 결과물들이 쏟아져 나온 것이다.

인공지능시대에 필요한 능력은 무엇일까? 그것은 세상에 널려 있는 정보를 자신의 주관적인 해석을 덧입혀 가치를 발생시키는 것이다. 새로운 시선으로 세상과 사물을 바라보고 다른 것과 연결하고 융합해서 다양한 결과물들을 만들어내는 능력이 필요하다. 시대가 요구하는 콘셉트를 뽑아내는 능력으로 무장되어야 한다. 그런 능력은 바로 책 읽기에서 비롯된다. 출판평론가 한기호도 책 읽기가 인공지능 시대를 준비하는 가장 중요한 능력이라고 강조한다.

"현실적으로 인간이 경쟁에서 살아남기 위해 할 수 있는 일은 '책 읽기'가 거의 유일합니다. 책을 함께 읽다 보면 나와 남의 생각이 다르다는 것을 확인하게 됩니다. 그 생각의 차이가 바로 상상력입니다. 그 상상력이 이 세상을 이겨낼 '역량'입니다. 이 역량은 어떤 상황에서도 이겨낼 힘을 가져다줍니다. 책을 읽어 역량을 갖춘 사람은 미래에 어떤 세상이 오더라도 두려울 것이 없을 것입니다."[22]

제4차 산업혁명은 이제 거스를 수 없는 현실이다. 더는 머뭇거릴 시간이 없다. 앞으로 인공지능시대를 준비하는 자만이 살아남고 주도할 수 있다. 그런 인재는 자신만의 생각으로 답을 만들어가는 사람이다. 책을 읽고 질문을 던지며 새로운 것과 연결 짓고 통합하고 조직화할 수 있어야 한다. 세상과 사물과 삶과 자신에게 질문을 던지고 답을 찾으려는 노력이 필요하다. 실패하더라도 끊임없이 도전하고 시도하는 사람이다. 그런 사람에게 인공지능시대는 위기가 아니라 기회의 장이 될 것이다. 걱정과 근심이 아니라 희망으로 나아가는 설렘이다. 그 소망의 빛은 바로 질문에서 뿜어져 나온다.

---

22 한기호, 《인공지능 시대의 삶》, 어른의시간, 2016. 259쪽.

내 인생에 던지는 질문

Q1. 그 어떤 한계도 장애도 없다면 진짜 하고 싶은 일은 무엇인가?

Q2. 나를 억누르고 있는 것은 무엇인가? 또 어떤 생각이 나의 삶과 변화와 성숙을 방해하고 있는가?

Q3. 제4차 산업이 현실이 된다면 가장 타격을 입을 분야는 무엇이라고 생각하는가? 그 대안은 무엇인가?

04

/

질문만으로도 책이 만들어진다

"믿기지 않겠지만, 인간이 지닌 최고의 탁월함은
자기 자신과 타인에게 질문하는 능력이다."
- 소크라테스(Socrates, 고대 그리스 철학자)

인생의 진보나 성장은 질문을 통해 시작된다. 그렇다고 창의적인 산물이나 그럴듯한 성과물만 질문을 통해 만들어지지 않는다. 일상적인 삶도 대부분 질문으로 이루어져 있다. 우리가 하는 일을 보면 알 수 있다. 우리가 하는 일의 대부분은 질문하고 대답하는 것이다. 누군가의 질문에 답을 하면서 성과물을 만들어간다. 학교 시험이 그렇고, 회사 업무도 비슷하다. 매일의 삶에 거의 비슷한 질문이 나오고 그와 관련된 답을 찾으려 힘쓴다.

그런데 질문의 질을 살펴보면 삶을 변화시킬만한 획기적인 질문은 없다. 대부분이 평범한 질문에 그친다. 그러다 보니 삶의 질이 나아지지 않는다. 이런 모습을 미리 간파한 변화심리학자 앤서니 라빈스Anthony Robbins는 이렇게 말한다.

"삶의 질을 높이고 싶다면 습관적 질문을 바꾸어야 한다."[23]

그러면서 성공한 사람들의 예를 들어 이런 말을 덧붙인다.

"성공한 사람은 더 나은 질문을 하고 그 결과 더 나은 답을 얻는다."[24]

삶을 변화시키고 싶다면 질문을 바꾸라는 의미이다. 질문이 바뀌면 답도 달라지기 때문이다. 어떤 질문을 던지느냐에 따라 그에 따른 결과물도 바꿀 수 있다는 것이다.

질문의 힘을 간파한 포터 스타일Potter Style은 질문만 있는 책을 만들었다. 바로 《5년 후 나에게 : Q&A a day》란 책이다. 2010년 미국에서 출간된 후 250주 연속 영국과 미국에서 베스트셀러를 기록하고 있다. 책에는 365개의 질문이 수록되어 있다. "지금 사랑하고 있는 사람을 세 단어로 표현한다면?", "지금 첫눈이 내린다면 가장 먼저 무엇을 하겠습니까?", "오늘 당신의 하루는 짠맛이었습니까, 달달한 맛이었습니까?" 등, 삶의 근본을 통찰하게 하는 철학적 질문으로 가득하다. 특이한 것은 같은 질문에 5년 동안 매년 답을 쓰도록 한 것이다. 그렇게 매년 답을 쓰다 보면 자기가 어떤 삶을 살아왔는지, 무엇

---

23 앤서니 라빈스, 《네 안에 잠든 거인을 깨워라》, 씨앗을뿌리는사람, 2008. 282쪽.
24 앤서니 라빈스, 《네 안에 잠든 거인을 깨워라》, 씨앗을뿌리는사람, 2008. 282쪽.

을 추구하고 변화시켰는지 볼 수 있다. 삶이 변화되는 과정을 온전히 살필 수 있는 것이다. 자신의 삶을 들여다보며 생각하고 글을 쓰게 해서 아름답고 소중한 선물을 만들도록 한다. 아이디어가 기발해 우리나라에서도 많은 사랑을 받고 있다. 역시 질문의 힘이다.

질문이 주는 놀라운 힘을 이야기하는 책이 많다. 그중에서도 스터디셀러가 된 도로시 리즈Dorothy Leeds의 《질문의 7가지 힘》이 있다. 이 책에는 질문이 주는 힘을 일곱 가지로 이야기하고 있다.

그 일곱 가지는 이렇다.

1. 질문을 하면 답이 나온다. 질문을 받으면 대답을 하지 않을 수 없다.
2. 질문은 생각을 자극한다. 질문은 질문을 하는 사람과 질문을 받는 사람의 사고를 자극한다.
3. 질문을 하면 정보를 얻는다. 적절한 질문을 하면 원하고 필요로 하는 정보를 얻을 수 있다.
4. 질문을 하면 통제가 된다. 모든 사람은 스스로 상황을 통제하고 있을 때 편안하고 안정감을 느끼기에 통제가 가능하다.
5. 질문은 마음을 열게 한다. 사람들은 자신의 사연, 의견, 관점에 대한 질문을 받으면 우쭐해진다. 질문을 하는 것은 상대방과 그의 이야기에 관심을 보여주는 것이므로 과묵한 사람이라도 자신의 생각

과 감정을 드러내며 마음을 연다.

6. 질문은 귀를 기울이게 한다. 적절하게 질문을 하는 능력을 향상시키면 보다 적절하고 분명한 대답을 듣게 되고, 중요한 일에 집중하기 쉬워진다.

7. 질문에 답하면 스스로 설득이 된다. 사람들은 누가 해주는 말보다 자기가 하는 말을 믿는다. 사람들은 자신이 생각해낸 것을 좀 더 쉽게 믿으며, 질문을 요령 있게 하면 사람들의 마음을 특정한 방향으로 움직일 수 있다.

도로시 리즈는 질문이 주는 장점을 일곱 가지로 간추리며 질문을 던질 것을 주문한다. 세계적인 베스트셀러 《네 안에 잠든 거인을 깨워라》에서 앤서니 라빈스Anthony Robbins도 질문의 힘을 강조한다.

그는 질문이 주는 장점을 세 가지로 이야기한다.

1. 질문은 순간적으로 생각의 초점을 변화시켜 우리의 감정을 바꾼다.
2. 질문은 우리가 집중하는 것과 삭제하는 것을 바꾸는 힘이 있다.
3. 질문은 우리의 잠재능력을 고양시킨다.[25]

---

25 앤서니 라빈스, 《네 안에 잠든 거인을 깨워라》, 씨앗을뿌리는사람, 2008. 293~301쪽.

책에는 질문이 얼마나 힘이 있는지 알 수 있는 아주 간단한 실험도 곁들인다. 그는 책을 읽다가 잠시 멈추고 이런 질문을 해 보라고 말한다. "이 방 안에 갈색 계통의 물건들은 어떤 것들이 있나?" 그러고 나서 방안을 살펴보면 갈색 물건들이 보인단다.

이 부분을 읽으면서 나도 방안을 둘러보았다. 그랬더니 신기하게도 갈색 계통의 물건들이 보이기 시작했다. 질문이 주는 놀라운 경험이었다. 다른 색깔들도 눈에 띄었지만 그 색을 인지하지 못했다. 갈색 계통의 색에 눈이 더 오랜 시간 머물렀다.

놀라웠다. 질문 하나만으로도 원하는 것을 얻어낼 수 있겠다는 것이. 그래서 나도 질문으로 책을 쓸 수 있도록 시도했다. 질문에 답을 적으면 저절로 책이 되는 방법으로 책을 쓴 것이다. 그것이 바로 나의 첫 책 《미래자서전으로 꿈을 디자인하라》이다.

미래자서전은 꿈이 이루어진 과정을 스토리화해서 쓴 글을 말한다. 주로 청소년들이 쓴다. 성인들이 쓰는 자서전과 비슷하다. 성인 자서전과 다른 점이 있다면 아직 살아보지 않은 인생을 글로 풀어내는 것이다.

미래자서전은 자신이 원하는 꿈이 이루어진 것처럼 상상해서 풀어내야 한다. 꿈이 실현되는 과정을 생생하게 상상해서 쓴다. 태몽부터 유언장까지 인생을 풀어내도록 한다. 그러기 위해 자신이 85세의 노인이 되게 한다. 아직 어리지만 85세가 되어 자신이 살아온 인생을 회상하도록 이끈다. 자신이 85세가 되어 지나온 삶을 되돌아보며 꿈을 이룬 삶의 모습을 회상하며 쓰게 한다.

꿈을 이루어가는 과정을 서술하려면 구체적으로 인생의 밑그림을 그릴 수 있어야 한다. 꿈이 명확해야 꿈을 이루는 과정을 글로 풀어낼 수 있기 때문이다. 청소년들은 자신들이 살아온 삶은 비교적 잘 쓴다. 그러나 앞으로 살아갈 삶은 서술하기 힘들어한다. 특히 꿈이 없는 청소년은 아직 살지 않은 인생은 한 글자도 쓰지 못한다. 구체적으로 삶을 그려낼 수 없으니 쓸 수도 없다.

그래서 나는 청소년들이 미래의 삶을 구체적으로 그려낼 수 있도록 질문 리스트를 만들었다. 또 과거의 희미한 기억을 생생하게 생각날 수 있는 질문도 만들었다. 유아기부터 노년기를 아우르는 질문 248개를 만든 것이다. 부모님 인터뷰 질문으로 어린 시절을 구체적으로 그려내도록 했고, 인생을 반추할 수 있는 질문으로 삶을 성찰할 수 있게 했다. 미래의 삶도 질문으로 설계하도록 했다. 이렇게 질문리스트에 구체적으로 답을 쓰고 그것을 연결 지으면 자연스레 한 권의 미래자서전이 되도록 구성했다.

다음과 같은 질문그룹으로 글감을 찾고 자기 삶을 떠올리도록 한 것이다.

질문그룹 1	유아기	아장아장 나의 어린 시절
질문그룹 2	부모님 인터뷰	지금의 내가 있기까지
질문그룹 3	유년기	좌충우돌 초등학교 시절
질문그룹 4	소년기	질풍노도의 중학교 시절
질문그룹 5	청소년기	꽃보다 아름다운 고등학교 시절
질문그룹 6	청년기	진리탐구와 꿈의 현장 속으로
질문그룹 7	사랑과 결혼	그리고 내 가족
질문그룹 8	중장년기	내 인생의 찬란한 꽃을 피우기 위해
질문그룹 9	노년기	아름다운 인생의 마무리
질문그룹 10	인생의 완성기	내 인생의 반추

많은 학생이 질문리스트로 인생 로드맵을 그렸다. 그리고 그 이야기를 글로 적어 꿈을 시각화했다. 마음속으로 앞으로 살아갈 삶을 선명하게 그려내도록 해 글로 적었다. 꿈을 글로 적으면 그것이 이루어질 가능성이 있다는 것은 많은 연구결과로 증명되었다. 성공적인 인생을 살 수밖에 없는 도구가 바로 미래자서전이다.

미래자서전이 가진 효과는 미국에서 이미 검증되었다. 미국은 초등학교부터 미래자서전(허구적 자서전) 쓰기가 학교현장에서 진행되고 있기 때문이다. 우리나라는 내 책이 출간된 후 많은 학교에서 진로를 설계하는 데 활용하고 있다. 선생님들은 이구동성으로 자유학기제 최고의 프로그램이라고 칭찬이 자자하다. 자신이 원하는 꿈의 과정을 생생하게 그려낼 수 있기 때문이다. 독서도 필수다. 위인전은 반드시 읽어야 하고, 미래학 서적도 탐독해야 한다. 미래를 내다보지 않고서는 효과적으로 인생을 설계할 수 없기 때문이다. 특히 변화무쌍한 제4차 산업혁명 시대엔 미래를 예측하는 능력이 있어야 효과적으로 인생 설계가 가능하다.

글쓰기 능력은 자동으로 향상된다. 진로설계, 독서, 글쓰기 세 마리 토끼를 잡는 탁월한 효과를 거둘 수 있다. 그래서 자유학기제 최고의 프로그램이라고 엄지를 치켜세운다. 자유 학년제가 시행되면 그 필요성은 더욱 증가할 것이다.

도로시 리즈는 자신의 인생에서 일어난 모든 중요한 사건들은 질문에서 비롯되었다고 말한다. 자기 스스로 대답을 구하는 질문을 던졌고, 그 결과 삶이 달라졌다는 것이다. 그가 삶에서 던졌던 질문은 이렇다. “나는 무엇이 부족한가?”, “어떤 직업이 내 적성에 맞을까?”라는 질문으로 더 나은 삶으로 발전시켜 나갔다.

반면에 인생을 변화시키지 못하는 사람들은 부정적인 면에 초점을 맞추고 질문을 던진다고 한다. “왜 나에게는 항상 이런 일이 일어나지?”, “왜 나는 제대로 되는 일이 없을까?”라는 식이다. 좌절할 수밖에 없는 답이 나오도록 질문을 던진다는 것이다. 도로시 리즈는 질문의 수준이 삶을 바꿀 수 있는 단서가 된다고 말하고 있다.

질문만으로도 책이 만들어지는 것은 질문의 힘이 얼마나 대단한지 알게 한다. 오늘 나에게 던지는 하나의 질문이 책을 만들기도 하고, 인생을 변화시키기도 한다. 더 나은 미래를 꿈꾸게 하고, 더 이상 삶의 희망을 품지 못하도록 만들기도 한다. 나는 지금 어떤 질문을 던지며 살아가고 있는가?

내 인생에 던지는 질문

Q1. 내가 원하는 것을 해내기 위해 지금 무엇을 해야 하는가?

Q2. 내가 원하는 것을 이루기 위해 지금 포기해야 할 것은 무엇인가?

Q3. 하루를 살며 나의 마음을 사로잡는 대부분의 생각은 무엇인가?

05

/

삶도 독서도 속도가 아니라 방향이다

"삶은 속도가 아니라 방향이란 말이 맞습니다. 방향을 잘 잡으려면 잠시 멈춰서 스스로 물어야 합니다. 다른 사람이 알려주는 답보다 내면에서 나온 답을 스스로 찾으세요. 간절하면 내가 뭘 원하는지 보여요."

- 혜민(慧敏, 마음치유학교 교장)

우리는 속도 전쟁 속에 살아가고 있다. 속도가 느리면 살아남기 힘들다. 인터넷, 스마트폰은 물론 승진, 내 집 장만, 사회적인 인지도, 성공과 성취 등 삶에 행해지는 모든 것에 '빨리빨리'를 외친다. 원하는 대로 일이 빨리 진행되지 않으면 분노를 참지 못해 일을 그르치는 경우도 많다. 물론 '빨리빨리 정신'이 경제성장을 가져다주긴 했다. 하지만 경제성장의 크기만큼 행복을 느끼는 사람은 많지 않다. 오히려 불행하다고 느끼는 사람이 더 많다고 조사결과는 말해준다. 우리 삶이 속도에 있지 않다는 것을 의미한다. 우리 삶은 얼마나 빠른 시간에 목적지에 도달해야 하는 경주가 아니다. 자신이 원하는 꿈의 길을 걸으며 길가에 핀 꽃 냄새도 맡고, 그것을 배경 삼아 사진도 찍고, 아름다움에 탄성을 지르면서 행복감을 맛보며 사는 것이다.

우리나라에서 특히 사랑받는 《연금술사》의 저자 파울로 코엘료Paulo Coelho의 말을 들으면 고개가 끄덕여질 것이다.

> "우리는 정상에 오른다는 목표를 항상 유념해야 한다. 하지만 산을 오르는 동안 펼쳐지는 무수한 볼거리 앞에서 이따금 멈춰 선다고 큰일이 날 것까진 없다. 한 걸음 한걸음 올라갈수록 시야는 넓어진다. 이를 통해 지금까지 인식하지 못했던 사물을 발견해 보면 어떨까?"

독일 속담에는 "길이 목표다Der Weg ist das Ziel"라는 말이 있다. 속도가 아니라 길 자체를 목표처럼 즐기라는 말이다. 속도보다 중요한 것은 방향이다. 방향만 올바르다면 오늘의 삶 속에서 서로 나누고 사랑하며 행복하게 살아갈 수 있다.

독서도 다르지 않다. 많은 사람이 책을 빨리 읽는 것을 잘 읽는 것이라고 착각한다. 책 읽는 속도가 느리면 마치 독서 능력이 없는 것처럼 여긴다. 책 한 권을 읽는데 자기는 어느 정도 시간이 걸렸는지 이야기하며 어깨를 으쓱거리기도 한다. 그러나 이런 태도는 바람직하지 않다.

세계적인 문학가 헤르만 헤세의 이야기를 들으면 공감이 간다.

"독서도 다른 취미와 마찬가지여서, 우리가 애정을 기울여 몰두할수록 점점 더 깊어지고 오래간다. 책은 친구나 연인을 대할 때처럼 각각의 고유성을 존중해주며, 그의 본성에 맞지 않는 다른 어떤 것도 요구하지 말아야 한다. 또한 무분별하게 후다닥 해치우듯 읽어서도 안 되며, 받아들이기 좋은 시간에 여유를 갖고 천천히 읽어야 한다. 섬세하고 가동적인 언어로 쓰여서 무척 아끼는 책들이라면 때때로 낭독하도록 한다."[26]

속도만 생각하고 후루룩 읽어버리면 책이 주는 메시지에 집중하기 힘들다. 속도보다 중요한 것은 책에서 주는 메시지를 읽어내고 감동받고 삶의 변화를 일으키는 것이다. 당신이 독서의 달인이라면 빨리 읽어도 상관없다. 빠르게 읽어도 깨닫고 향유하며 삶의 변화까지 추구할 수 있다면 괜찮다.

그러나 당신이 독서 초보자라면 천천히 읽기를 권한다. 천천히 읽으면서 사유하며 삶을 변화시킬 단서를 찾아야 한다. 빨리 읽는 것만이 능사는 아니다.

---

26 헤르만 헤세, 김지선 역, 《헤르만 헤세의 독서의 기술》, 뜨인돌, 2006. 173쪽.

질문 독서법도 천천히 읽는 것을 추구한다. 천천히 읽으면서 책의 핵심을 발견할 질문을 던지고, 얼어붙은 감성을 깨우고, 삶의 변화를 일으킬 단 하나의 질문을 던질 수 있으면 된다. 좋은 질문 하나가 삶을 변화시킬 단초端初가 되기 때문이다.

독서를 통해 삶이 변화되기를 원한다면 성급하게 생각하지 말아야 한다. 속도보다 방향에 초점을 맞추고 인내의 시간을 갖고 꾸준히 읽어나가야 한다. 그렇게 한 권 한 권 질문하며 읽다 보면 어느 순간 임계점을 돌파해 빅뱅을 일으킬 날이 오기 때문이다. 이쯤에서 인문학 강독회로 독서의 열풍을 일으킨 박웅현의 말을 들어볼 필요가 있다.

"남보다 더 많이 읽고, 남보다 더 빨리 읽으려 애쓰며 우리는 책이 주는 진짜 가치와 즐거움을 놓치고 있다. 천천히 읽어야 친구가 된다. '천천히 책을 읽는다'에서 '천천히'는 물론 단순히 물리적 시간을 이야기하는 것은 아니다. 내가 읽고 있는 글에 내 감정을 들이밀어 보는 일, 가끔 읽기를 멈추고 한 줄의 의미를 되새겨보는 일, 화자의 상황에 나를 적극적으로 대입시켜보는 일. 그런 노력을 하며 천천히 읽지 않고서는 책의 봉인을 해제할 수 없다고 나는 믿는다."[27]

---

27 박웅현, 《다시 책은 도끼다》, 북하우스, 2016. 6쪽.

박웅현의 말은 속도 전쟁 속에 휘말려 들지 말고 꽃도 보고, 산책도 하며, 삶의 의미를 되새기며 오늘을 살아가라는 의미이다. 빨리 빨리 달리기만 해서는 인생의 참 의미와 행복을 놓칠 수 있기 때문이다. 천천히 걸어갈 때 무심코 지나쳤던 들꽃의 아름다움을 발견할 수 있다. 고개를 숙이고 가까이 다가가야 들꽃의 향기를 맡을 수 있다. 나태주 시인의 글처럼 자세히 보고 오래 보아야 예쁘고 아름답다는 것을 알 수 있다. 독서도 다르지 않다. 천천히 읽을 때 삶을 일깨우는 문장을 발견하게 되고 깨달음도 얻을 수 있다.

현시대에만 천천히 읽기를 강조했던 것은 아니다. 우리의 선조들도 천천히 읽기를 권했다. 그중 대표적인 사람이 다산 정약용이다. 정약용은 조선시대 최고의 독서가이자 문장가였다. 500권이 넘는 책을 집필했다. 다산의 독서법을 연구해 《다산의 독서전략》을 펴낸 권영식은 다산의 책 읽기를 3단계 독서법으로 소개한다. 바로 '정독情讀', '질서疾書', '초서鈔書'이다. 3단계 독서법의 시작은 정독이다. 정독은 글을 꼼꼼하고 자세히 읽는 것을 말한다. 한 장을 읽더라도 깊이 생각하면서 읽는 것이다. 모르는 내용이 나오면 관련 자료를 찾고 철저히 근본을 밝혀 이해하며 읽는 독서법이다. 다산은 깊이 있는 독서 대신 여러 책을 집적거리면 마음만 산만해진다고 했다. 또한 얄팍하게 얻은 지식으로는 학문의 발전을 일으킬 수 없다고 경고했다. 정독의 단계를 넘어서야 메모하며 읽고[질서疾書], 베껴 쓰는 읽기[초서鈔書]로 확장할 수 있다고 말한다.

조선 중기의 실학자 이수광은《지봉유설》에서 독서를 할 때는 마음을 집중해야 한다고 말한다.

"독서를 하는 이치는 활을 쏘는 이치와 같다. 활을 쏘는 사람은 마음을 과녁에 집중해야 한다. 마음을 과녁에 집중시킨다면 비록 정확하게 맞추지 못한다 하더라도 화살이 그다지 멀리 어긋나 날아가지는 않을 것이다. 이와 마찬가지로 독서를 할 때 뜻을 세우는 일보다 우선하는 것은 없고, 자신이 지향하는 것을 밝히는 일보다 더 중요한 것은 없다."[28]

이수광은 목표에 집중하면 때로 길에서 벗어나도 그다지 멀리 벗어나지 않는다고 이야기한다. 그러기 위해 필요한 것은 올바른 방향 설정이라고 말한다. 독서의 뜻을 올바로 세우는 것이 책을 읽을 때 가장 우선한다. 방향을 올바르게 밝히는 것이 중요하다는 것이다.

독서의 방향을 올바르게 설정하려면 책을 읽기 전에 질문을 던져야 한다.

'이 책이 나에게 어떤 의미가 있는가?'

---

28 엄윤숙 · 한정주,《조선 지식인의 독서노트》, 포럼, 2008. 27쪽.

'이 책에서 전하고 있는 메시지는 무엇인가?'

'이 문장이 주는 의도는 무엇일까?'

'왜 이렇게 말하는 것일까?'

책을 읽고 난 후에도 질문을 던져야 한다.

'이 책을 통해서 깨달은 것은 무엇인가?'

책을 읽는 동안 질문을 던지고 깊이 생각하며 답을 찾고, 작가의 의도를 파헤치고, 마음을 울리는 하나의 문장을 만나는 행위가 필요하다. 호기심이 있어야 생각하게 되고 질문을 던질 수 있다. 무작정 읽기만 해서는 아무런 울림도 깨우침도 얻기 힘들다. 방향을 안다는 것은 왜 이 책을 읽는가에 대한 물음이자 답이며, 천천히 읽으며 의미를 되새겨 보는 행위이다. 의미를 알아야 깨달음이 생긴다. 깨달아져야 '왜'라는 의문이 풀리고, '어떻게'라는 방법이 떠오른다. 방향이 올바르면 천천히 가도 언젠가는 원하는 목적지에 도달할 수 있다. 속도보다 중요한 것은 방향이다.

내 인생에 던지는 질문

Q1. 나는 지금 속도에 집착하고 있는가? 방향에 따라 나아가고 있는가?

Q2. 속도에 집착하면 무엇을 얻고 무엇을 잃어버릴까?

Q3. 내가 걸어가는 삶의 방향은 올바르게 설정되어 있는가?

06

/

사색의 힘은 어디서 비롯되는가

"책은 다만 지식의 재료를 던져줄 뿐, 그것을 자신의 것으로 만들기 위해서는 사색의 힘이 필요하다."

- 존 로크(John Locke, 영국의 철학자)

그야말로 평생학습 시대다. 하루가 다르게 바뀌는 기술과 시대의 패러다임에 적응하기 위해서는 배워야 한다. 배워야 시대의 흐름을 읽고 가치를 창출하는 능력을 소유할 수 있다. 끊임없이 책을 읽어야 하는 이유도 여기에 있다. 그런데 한 가지 유념해야 할 것이 있다. 무작정 읽고 배우기만 해서는 생각하는 힘을 벼려낼 수 없다는 것이다. 책 내용을 온전히 소화해 자기 것으로 만들어내지 못한 독서는 얼마 지나지 않아 뇌리에서 잊히고 만다. 그래서 생각하고 또 생각하는 사색의 과정을 거쳐야 한다. 사색해야 깨달음을 얻고 삶을 변화시킬 수 있다. 그 의미를 독일의 철학자 쇼펜하우어Arthur

Schopenhauer는 이렇게 말한다.

"알기 위해서는 물론 배워야 한다. 그러나 안다는 것과 여러 조건을 통해 스스로 깨달은 것은 엄연히 다르다. 앎은 깨닫기 위한 조건에 불과하다. 그런 의미에서 독서와 학습은 객관적인 앎이다. 그리고 독서와 학습을 바탕으로 이루어지는 사색은 주관적인 깨달음이다. 누구나 책을 읽을 수 있고, 누구나 공부할 수 있지만, 누구나 이를 통해 사색할 수 있는 것은 아니다."[29]

책에서 얻는 앎은 자기 것이 아니다. 책을 저술한 작가의 것이다. 그것을 자신의 것으로 만들려면 사색의 과정을 거쳐야 한다. 그것은 객관적인 것이 아니라 주관적인 깨달음이다. 삶의 변화는 내면의 생각을 움직이는 주관적인 깨달음이 있어야 가능하다. 스스로 변화를 간절히 깨닫지 못한 사람을 변화시키기는 너무 어려운 일이다. 공자도 일찍이 배우기만 하고 생각하지 않는 삶을 경계했다. 그 의미를 《논어》 위정爲政편에 이렇게 전한다.

'배우기만 하고 사색하지 않으면 학문의 체계가 없고, 사색만 하고 배우지 않으면 오류나 독단에 빠질 위험이 있다.'

---

29 쇼펜하우어, 김욱 역, 《쇼펜하우어 문장론》, 지훈, 2005. 11~12쪽.

공자는 배우기만 하고 생각하는 과정이 없는 배움을 헛되다고 여겼다. 배우고 익힌 것을 사색하며 삶으로 실천해야 함을 말한다. 또한 생각은 많이 하는데 제대로 된 배움의 과정이 없으면 잘못된 길로 갈 수 있다고 여겼다. 공자는 배운 것은 사색해야 하고, 끊임없이 배우고 익혀 적용하는 삶의 균형을 강조했다.

다산 정양용도 같은 의미의 말을 전한다. 그는 《다산시문집》 오학론2伍學論二에 독서하는 사람의 다섯 가지 방법을 소개한다. 첫째는 박학博學인데 두루 널리 배운다는 의미이다. 둘째는 심문審問으로 자세히 묻는다는 뜻이다. 셋째는 신사愼思로 신중하게 생각하는 것이며, 넷째는 명변明辯으로 명백하게 분별하는 방법이다. 다섯째는 독행篤行으로 진실한 마음으로 성실하게 실천한다는 것이다.

정약용은 다섯 가지 독서방법을 이야기하며 안타까운 마음을 전한다. 대부분의 사람이 '박학'에만 집착하고 다른 네 가지 방법에는 관심조차 두지 않는다고 말이다. 배운 것을 자랑삼아 떠벌리려는 목적으로 독서를 한다고 비판한다. 정약용의 날 선 비난을 우리도 새겨들어야 한다. 책 내용을 있는 그대로 흡수하는 것이 아니라 자기만의 방법으로 흡수해서 소화해야 한다. 그래서 자세히 묻고, 깊이 사색하고, 분별해서 삶에 적용하고 실천해야 한다.

이런 과정은 질문 독서법에서 추구하는 독서단계와 일맥상통한다. 질문이 없이는 사색할 수 없고, 사색 없이는 자기만의 생각을 만들어 낼 수 없기 때문이다.

어디 그뿐인가. 퇴계 이황도 사색으로 성리학의 체계를 완성할 수 있었다고 한다. 《공부에 미친 16인의 조선 선비들》에는 이황의 독서 방법이 이렇게 소개되고 있다.

> "이황의 공부방법은 반복 학습이었다. 같은 책을 수없이 되풀이하여 읽는 바람에 책이 너덜너덜해졌다. 그러나 단순하게 읽기만 한 것이 아니라 책의 내용을 완전히 이해하기 위해 사색했다. 사색은 의문에서 시작된다. (중략) 이황은 사색을 통해 성리학을 사상적으로 체계화할 수 있었다."

당시 많은 성리학의 대가들도 이황과 함께 공부했다. 대표적인 사람들이 김종직, 김굉필, 조광조였다. 하지만 이들은 성리학을 학문적으로 체계화시키지 못했다. 그 이유를 사색하지 않았기 때문이라고 말한다.

세종의 독서법도 자세히 살펴보면 왜 그 시대에 위대한 창조물들이 쏟아져 나왔는지를 알게 한다. 세종은 주자식 독서법으로 책을 읽었다고 한다.

《세종처럼 읽고 다산처럼 써라》에는 주자식 독서법 여섯 단계를 이렇게 설명한다.

1. 거경지지居敬持志 : 독서할 때는 정신을 집중해서 읽어야 한다.
2. 순서점진循序漸進 : 순서에 따라 읽으며 그 내용을 이해해야 한다.
3. 숙독정사熟讀精思 : 정독하며 깊이 사색하는 것으로 생각하지 않으면 그 의미를 제대로 이해하지 못하고, 생각만 하고 읽지 않으면 충분히 이해하지 못한다.
4. 허심함영虛心涵泳 : 열린 마음으로 책을 읽어야 한다.
5. 절기체찰切己體察 : 체험에서 우러나오도록 반복해야 한다.
6. 착긴용력着緊用力 : 요점을 잡아 힘쓰는 것인데 끊임없이 질문하며 어떤 의미인지 생각하며 주도적으로 읽어야 한다.

세종은 물론 공자, 정약용, 이황은 같은 의미의 독서법으로 책을 읽었다. 숙독정사熟讀精思는 공자의 학이불사즉망 사이불학즉태學而不思則罔 思而不學則殆와 맥을 같이 한다. 이는 쇼펜하우어도 다르지 않다. 한 분야에 일가견을 이룬 인물들은 모두 사색하며 지혜를 벼려낸 것이다.

그럼 어떻게 해야 책을 읽으며 사색의 단계로 들어갈 수 있을까? 먼저 쇼펜하우어의 이야기에서 단서를 찾아보자. 쇼펜하우어는《쇼펜하우어 문장론》에서 사색의 중요성을 이야기한다. 사색하며 책을 읽고 자신의 사색을 녹여서 글을 쓰라고 말이다. 그러면서 괴테의 문장을 소개한다. '그대의 조상이 남긴 유물을 그대 스스로의 힘으로 획득하라'[30] 조상들이 남긴 지식을 자신의 힘으로 사색해서 지혜로 만들라고 한다. 그렇게 얻는 앎이 진짜 자신의 것이 된다는 것이다.

쇼펜하우어가 인용해서 소개한 글의 주인공 괴테는 사색하는 사람이었다. 그는 끊임없이 사색하며 삶을 성찰하고 그것을 글로 남겼다. 그의 위대한 문학 작품들은 모두 사색의 결과물이었다. 괴테의 사색 법을 연구해 《사색이 자본이다》를 펴낸 김종원 작가가 있다. 그는 책에서 괴테의 사색 법을 여덟 가지로 소개한다. 그중 한 가지가 '언제나 의문하라'이다. 의문에 대해 괴테는 이렇게 말했다.

"의문은 언제까지나 의문 수준에 머물러 있지는 않아. 의문은 정신을 자극하여 더욱 상세한 연구와 시험을 하도록 하고, 이것이 완전한 방식으로 이루어지면 우리는 거기서 확신을 가지게 되지. 바로 이것이 목표이며, 여기서 인간은 완전한 만족감을 찾아내게 되네. 통찰력을 얻었다고 할 수 있지. 우리가 의문을 통해 끌어낼 수 있는 최고의 수확이 바로

---

30 쇼펜하우어, 김욱 역, 《쇼펜하우어 문장론》, 지훈, 2005. 18쪽.

그것이야."[31]

사색은 의문을 던질 수 있어야 가능해진다는 의미이다. 세종이 실행한 주자식 독서법에도 끊임없이 질문하고 어떤 의미인지 생각하면서 자기 주도적인 책 읽기를 하라는 착긴용력着緊用力 독서법이 있다. 결국 책을 읽으면서 사색에 이르려면 끊임없이 질문을 던지고 그 의미를 되새겨보아야 한다. 존 로크John Locke의 말처럼 "책은 우리에게 지식의 재료만 던져줄" 뿐이다. 그것을 자신의 것으로 만들기 위해서는 사색의 힘이 필요하다. 사색은 곧 의문에서 시작된다. 질문하지 않으면 사색할 수 없고 책에서 전하는 메시지를 자신의 것으로 만들 수 없다.

마음을 울리는 문장을 만나면 잠시 멈추고 질문을 던져라. 그리고 깊이 생각하고 생각하며 깨달음을 얻어야 한다. 카프카의 말마따나 우리가 읽는 책이 우리 머리를 주먹으로 한 대 쳐서 우리를 잠에서 깨우지 않는다면, 도대체 왜 우리가 그 책을 읽는 거란 말인가. 책이란 무릇, 우리 안에 있는 꽁꽁 얼어버린 바다를 깨뜨려버리는 도끼가 아니면 안 되는 것이다.

---

31 김종원, 《사색이 자본이다》, 사람in, 2015. 74쪽.

내 인생에 던지는 질문

Q1. 오늘 하루 몇 번의 의문을 품었으며, 몇 개의 질문을 던졌는가?

Q2. 질문을 던지지 않는다면 그 이유는 무엇인가?

Q3. 삶을 변화시킬 질문 하나를 던져본다면?

07

/

깨달음을 얻는 독서여야 한다

"모든 책은 빛이다. 다만 그 빛의 밝기는
읽는 사람이 발견하는 만큼 밝아질 수 있다. 결국 독자에
따라서 그것은 빛나는 태양일 수도, 암흑일 수도 있다."
- 모티머 애들러
(Mortimer J. Adler, 미국의 철학자·교육자)

책을 읽는다는 것은 변화를 추구하기 위함이다. 어제보다 더 나은 생각을 하고, 어제보다 더 깊은 사고로 세상을 바라보고, 어제보다 더 나은 오늘을 살기 위한 변화 말이다. 변화의 높이와 깊이와 넓이는 사람마다 다르다. 우리가 추구해야 하는 것은 어제와 다른 오늘의 나이다. 그러기 위해 사색하고, 의문을 품고, 질문을 던지는 것이다. 질문을 던지며 우리는 지혜를 얻어야 한다. 지식이 아니라 지혜이다. 지혜는 깨달음에서 비롯된다. 꿰어지는 것이다. 구슬이 있다

면 그것을 꿰어 보배로 만드는 능력이다. 우리가 추구해야 할 독서는 바로 이것이다.

> 누누이 말하지만 지식은 인간을 변화시키지 못한다. 삶의 근본적인 변화는 사물의 본질을 꿰뚫는 지혜가 있을 때 생겨난다.[32]

다산 정약용은 이런 독서를 '문심혜두文心慧竇'를 여는 것이라고 했다. 글쓴이의 마음을 깨달아 알고 그것을 바탕으로 지혜의 문을 여는 것이다. 막혔던 생각이 뚫리는 현상이다. 슬기 구멍을 열지 않은 독서는 헛된 일이라는 것이다.

《잃어버린 시간을 찾아서》의 저자 마르셀 프루스트Marcel Proust도 생각이 비슷했다.

"작가의 지혜가 끝나는 곳에서 우리의 지혜가 시작된다는 것이 사뭇 사실이라고 느껴진다."

프루스트는 책을 읽고 난 후 사색하고 질문하고 토론하며 얻은 깨달음이 있어야 한다고 말한다. 그런 과정을 거쳐야 지혜가 발현된다.

헤르만 헤세는 《헤르만 헤세의 독서의 기술》에서 독서의 세 가지 유형을 이야기한다.

---

32 이지성, 《리딩으로 리드하라》, 문학동네, 2015. 77쪽.

첫째는 순진한 독자이다. 마치 음식을 먹듯이 책을 대하는 독자로, 배불리 먹고 마시듯 그대로 받아들인다. …… 말과 마부의 관계와 같다. 즉 책은 이끌고 독자는 따라가는 것이다.[33]

둘째는 천진난만함과 탁월한 유희본능을 보여주는 경우다. 마부를 따르는 말이 아니라 마치 사냥꾼이 짐승의 자취를 더듬듯 작가를 추적하는 독서를 말한다.

셋째 유형이 중요하다. 셋째는 너무나 개성적이고 자신에게 충실해서, 무엇을 읽든 완전히 자유로운 태도로 대한다. 그가 책을 읽은 이유는 교양을 쌓기 위함도, 재미를 얻기 위함도 아니다. …… 작가의 눈을 빌려 세상을 해석하기 위해서가 아니다. 해석은 독자의 몫이다. 어찌 보면 완전히 어린아이이다.[34]

어린아이처럼 자기 마음대로 해석하고 생각하라는 의미이다. 책 내용에 매몰되지 말고 자신의 지혜로 만들어야 한다는 것이다.

깨달음은 책을 읽으며 사색한 것을 바탕으로 '무엇을 어떻게' 할지에 대한 자기 생각이다. 주관적인 생각으로 세상을 어떻게 살아갈

---

33 헤르만 헤세, 김지선 역, 《헤르만 헤세의 독서의 기술》, 뜨인돌, 2006. 187쪽.
34 헤르만 헤세, 김지선 역, 《헤르만 헤세의 독서의 기술》, 뜨인돌, 2006. 187쪽.

것인지를 벼려내는 것이다. 나는 이 과정을 '가치의 덧입히는 과정'이라 부른다. 어떤 가치를 바탕삼아 살아갈 것인가를 정립하는 과정이다. 깨닫는다는 것은 인생의 갈림길에서 선택의 기준을 세우는 것이다. 어떤 어려움 속에서도 굳건하게 버틸 수 있는 중심 추다. 유혹의 손길이 다가올 때 과감하게 뿌리칠 수 있는 용기이다.

미국의 시카고대학은 한 때 삼류대학이었다. 그러나 5대 총장 로버트 허친스Robert M Hutchins가 부임한 후로는 완전히 다른 대학이 되었다. 그는 '시카고 플랜Chicago Plan'이라는 교육정책을 시행했다. 인문 교양 교육의 목적으로 세계의 위대한 고전 100권을 읽히는 정책이었다.

그가 고전 100권을 달달 외울 정도로 읽히려는 목적은 바로 다음 세 가지였다.

첫째, 역할 모델을 발견하라.
둘째, 인생의 모토가 될 만한 영원불변한 가치를 발견하라.
셋째, 그 가치에 따른 꿈과 비전을 품어라.

시카고 플랜 정책을 펼친 후부터 시카고 대학은 더 이상 삼류가 아니었다. 졸업생들이 받은 노벨상이 무려 73개나 되었기 때문이다. 하버드나 옥스퍼드대학보다 더 많은 노벨상 수상자를 배출한 것이다. 노벨상은 인류 발전에 공헌한 사람들에게 주는 상이다. 바람직한 가치의 토대가 있어야 이룰 수 있는 업적인 것이다. 인문고전을 읽으며 깨달은 바에 영원불변한 가치를 품도록 한 것이 대학의 운명을 바꾼 비결이었다.

그럼 어떻게 하면 책을 통해 깨달음을 얻을 수 있을까? 먼저 좋은 책을 읽어야 한다. 세월이 흘렀어도 인정받는 책이면 더욱 좋다. 현시대의 책이라도 영원불변한 가치를 담은 책이면 괜찮다. 그런 책을 읽으면서 번득이며 스쳐 지나가는 생각을 글로 붙잡아 두어야 한다. 그것이 단서가 되어 우리에게 깨달음, 즉 인생의 지혜를 선물해 주기 때문이다. 그 의미를 옛사람들은 묘계질서妙契疾書라고 했다.

"그러면 어느 순간 깨달음이 오면서 마음에서 의심이 가시는 순간과 만나게 되는데, 그런 순간을 놓치지 않고 메모했다. 이런 방식의 즉각적인 메모 방법을 '질서疾書'라고 한다. 질疾은 질주疾走한다는 말에서 보듯 '빨리'의 뜻이다. 그러니까 질서는 생각이 달아나기 전에 빨리 적는 것을 말한다. 송나라 때 학자 장재張載가 《정몽正蒙》을 지을 적에 집 안 곳곳에 붓과 벼루를 놓아두고, 생각이 떠오르면 밤중에 자다가도 벌떡 일어나 등불을 가져다가 메모한 데서 이 말이 처음 나왔다. 이른바 '묘계질서妙契疾書'라는 것이다. 묘계는 번득하는 깨달음이요, 질서는 그것을 놓치지 않고 즉각 메모하는 것이다."[35]

깨달음은 사색과 연관이 있다. 사색은 글 전체를 이해하는 것도 중요하지만 마음을 울리는 문장을 만났을 때 깊이 생각하게 된다. 마음을 울리는 문장을 만나면 그때 초서鈔書(필사)를 하고 자기 생각으로 풀어내 보아야 한다. 질문 독서법 3단계에서 추구하는 독서법이다. 그런 과정에서 깨달음을 얻을 수 있다.

조선 후기 학자 윤휴는 〈독서록 서문〉에 그 의미를 이렇게 밝혀 두었다.

"공부하는 사람은 책을 읽을 때 생각이 없으면 안 된다. 생각해야만 얻을 수 있고, 생각하지 않으면 얻지 못한다. 생각이 있다면 기록하지 않을 수가 없다. 기록해 두면 남아 있고, 기록해 두지 않으면 없어지고 만다. 생각을 기록으로 남겨, 이를 또 생각해서 풀이하면 지혜가 자라나고 언행이 툭 터지게 된다. 이렇게 하지 않으면 지혜가 없어지고, 언행이 꽉 막혀서, 비록 얻었더라도 반드시 다시 잃고 만다."[36]

---

35 정민, 《다산선생 지식경영법》, 김영사, 2006. 154~155쪽.

36 정민, 《정민 선생님이 들려주는 고전 독서법》, 보림, 2012. 116쪽.

인생의 지혜는 책을 읽고 그것을 글로 적고 깊이 사색하는 과정에서 생긴다. 서로 갑론을박 토론하고 논쟁하는 과정에서도 깨달음이 오고 지혜가 생긴다. 이 모든 과정이 질문 독서법에 담겨 있다. 질문 독서법에서 추구하는 독서법을 차근차근 따라 하다 보면 자신도 모르는 사이에 자연스럽게 슬기 구멍이 열리는 것을 느끼게 된다. 그런 놀라운 효과를 지금 이 책을 읽고 있는 당신이 경험하길 기대한다.

내 인생에 던지는 질문

Q1. 마지막 책장을 덮고 나서 제일 먼저 하는 행동은 무엇인가?

Q2. 지금까지 독서를 통해 얻은 깨달음 중 가장 기억에 남는 것은 무엇인가?

Q3. 읽은 책 중에서 나와 생각이 다르다고 여긴 책은?

제3장

질문 독서법이란 무엇인가

01

/

적극적인 독서가 변화를 이끈다

"나는 해리포터에 나오는 마법을 믿지 않습니다.
하지만 정말 좋은 책을 읽는다면
마법 같은 일을 경험할 수 있을 거라 확신합니다."
- 조앤 K. 롤링(Joan K. Rowling, 영국의 소설가)

축구경기에서 수비만 해서는 경기에서 이길 수 없다. 수비는 공격을 위한 하나의 수단일 뿐이다. 수비에 치중하는 것도 결정적인 기회를 이용해 골을 넣으려는 방편이다. 축구는 공격해서 골을 넣어야 승리할 수 있다. 독서도 다르지 않다. 독서도 축구경기에서 골을 넣는 것처럼 공격적인 행위가 필요하다. 그런데도 많은 사람은 독서를 수동적인 행위로 이해한다.

그 의미는 《생각을 넓혀주는 독서법》의 저자 모티머 J. 애들러Mortimer J. Adler의 말을 들으면 이해하기 쉽다.

"솔직히 말해, 완전히 수동적인 독서는 있을 수 없는 데도 많은 사람들은 확실히 적극적인 활동인 쓰기나 말하기와 비교하여, 독서와 듣기는 완전히 수동적인 것이라고 생각한다. 글을 쓰는 사람이나 말하는 사람은 어느 정도 노력을 기울여야 하지만, 책을 읽거나 듣는 사람은 가만히 있어도 가능하다고 생각한다."[37]

이 책은 1940년에 최초로 출간된 독서법 책이다. 책이 출간된 후 베스트셀러가 되어 세계로 전파되었다. 70년이 훌쩍 넘어서까지 읽히고 있으니 그 내용은 이미 검증된 것이라 볼 수 있다. 독서법의 고전인 이 책의 저자 애들러는 독서는 적극적인 자세로 임해야 한다고 말한다. 그런데도 사람들은 글쓰기와 말하는 것과 달리 독서는 수동적이어도 된다고 오해한다고 강조한다.

나도 한 때는 '독서는 수동적인 것'으로 생각했다. 책은 차 한 잔을 옆에 두고 가장 편안한 자세로 읽으면 되는 것이라고 여겼다. 책을 읽다가 졸리면 한숨 자고, 시간이 되면 다시 읽으면 되는 것으로 말이다. 또 고상한 취미로 여길 때도 있었다. 클래식 음악을 틀어놓고 책을 읽는 모습을 상상한 것이다. 모임에 가면 나의 고상한 독서

---

37 모티머 아들러·찰스 반 도렌, 독고 앤 역, 《생각을 넓혀주는 독서법》, 멘토, 2012. 15쪽.

방식을 자랑삼아 이야기하곤 했다. 그러다 보니 책 읽기를 통해 얻는 것이 많지 않았다.

이런 수동적인 독서방식에 애들러는 일갈을 날린다.

'읽는' 행위에는 언제 어떠한 경우에나 어느 정도로 적극성이 필요하다. 완전히 수동적인 독서란 있을 수 없다. 읽는다는 것은, 정도의 차이는 있지만 여하튼 적극적인 행위인데, 적극성이 높은 독서일수록 좋은 독서라는 것을 특히 지적하고 싶다. 독서 활동은 복잡다단하여, 독서에 바치는 노력이 많으면 많을수록 좋은 독자다. 자기 자신과 책에 대해서 의욕적일수록 좋은 독자라고 할 수 있다.[38]

독서는 책에 쓰인 문자를 무의식적으로 읽는 행위가 아니다. 눈으로 흘려보는 행위도 아니다. 문자 속에 감춰진 보화를 캐내야 하는 행위이다. 나아가 문자 너머에 있는 저자의 의도까지 읽어야 한다. 그러기 위해서는 적극적인 자세가 요구된다. 독서가 적극적인 활동임을 강조한 것은 애들러뿐만이 아니다.

1980년대에 멀린 C. 위트록Merlin C. wittrock 박사는 독서를 이렇게 설명했다.

38 모티머 아들러 외, 민병덕 역, 《독서의 기술》, 범우사, 2010. 13쪽.

"하나의 텍스트를 이해하기 위해 우리는 단어의 사전적 의미로 읽는 데만 그치지 않고 그 텍스트를 위해 새로운 의미를 창조해 낸다. (중략) 너무나 감동적이게도, 독서가들은 텍스트를 읽어 내려가면서 자신들의 지식, 경험에 얽힌 기억과 글로 쓰여진 문장, 절과 단락 사이의 관계를 구축해 나감으로써 의미를 만들어 낸다."[39]

알베르토 망구엘Alberto Manguel은 "독서란 텍스트를 자동으로 포착하는 소극적이고 수동적인 것이 아니다"라고 말한다. 개인적인 재구축 과정이 되는 것이므로 적극적이어야 한다고 강조한다. 적극적인 자세로 문자를 읽어내야 비로소 생각의 빅뱅이 일어난다. 생각이 변화되어야 비로소 삶이 변화된다. 독서를 통해 삶의 변화를 일으키는 열쇠는 적극적인 자세에 있다.

적극적으로 책을 읽으려면 어떤 방법이 좋을까? 우선 독서의 목적을 명확히 해야 할 것이다. 책을 읽어야 하는 이유가 명확하면 자세는 달라지기 마련이다. 독서 목적만 명확해도 적극적으로 책 읽기에 임할 수 있다. 더 좋은 방법은 책을 읽으며 질문을 던지는 것이다. 질문을 던지면 뇌는 적극적으로 변하기 때문이다.

나는 사실 독서량이 아주 많은 편은 아니다. 시중에 나와 있는 독

---

39 알베르토 망구엘, 정명진 역, 《독서의 역사》, 세종서적, 2016. 61쪽.

서법의 저자들처럼 수만 권을 읽지 않았다. 독서스쿨과 공부방에서 독서를 가르칠 때 읽은 책은 어린이와 청소년 도서가 대부분이었다. 그림책도 꽤 많았다. 서가에 꽂혀 있는 책의 절반 이상이 어린이와 청소년 도서다. 그런데도 나는 12권의 책을 썼다. 2013년부터 지금까지 5년 동안 펴낸 책은 모두 13권이다. 적지 않은 도서를 짧은 기간에 썼다. 국문학이나 문예창작과를 나온 것도 아니고, 어디서 변변한 글쓰기 강좌도 받아본 적이 없는 내가 꾸준히 책을 낼 수 있었던 이유는 무엇일까. 바로 질문 독서에 있다.

질문 독서는 나를 변화시켰다. 차 한 잔 마시며 유유자적하며 책을 읽는 자세에서 벗어날 수 있었던 것은 질문 독서였다. 그림책을 읽더라도 그 안에서 저자의 의도를 읽어내고 깨달음을 나누기 위해서는 적극적으로 책을 읽어야 했다. 한 권의 책을 읽더라도 학생들의 얼어붙은 감성을 깨우치려면 좋은 질문이 필요했다. 어떤 글을 읽더라도 질문을 해야만 했다. 좋은 질문을 던지기 위해 신경을 곤두세우고 책을 읽었다. 몰입해서 책을 읽지 않고는 질문을 던질 수 없었다. 수많은 마침표를 의문부호로 바꾸어 읽었다. 질문하기 위한 독서는 나만의 생각을 펼칠 수 있도록 도왔다. 저자의 메시지가 나에게 오면 다른 의미로 다가왔다. 나만의 방식으로 해석하고 이해하며 질문을 던진 것이다. 그 힘이 지금의 나를 있게 했다.

헤르만 헤세도 다르지 않다. 자신을 재발견하기 위해서는 적극적인 자세로 독서에 임해야 한다고 말한다. 그랬을 때 삶의 변화가 일어나기 때문이란다.

> "삶의 한 걸음 한 호흡마다 그러하듯, 우리는 독서에서 무언가 기대하는 바가 있어야 마땅하다. 그리고 더 풍성한 힘을 얻고자 온 힘을 기울이고 의식적으로 자신을 재발견하기 위해 스스로를 버리고 몰두할 줄 알아야 한다. 한 권 한 권 책을 읽어나가면서 기쁨이나 위로 혹은 마음의 평안이나 힘을 얻지 못한다면, 문학사를 줄줄 꿰고 있다 한들 무슨 소용인가? 아무 생각 없이 산만한 정신으로 책을 읽는 건 눈을 감은 채 아름다운 풍경 속을 거니는 것과 다를 바 없다."[40]

자, 이제부터 질문 독서법에서 전해주는 독서법을 배워보도록 하라. 그리고 단 하나의 질문이라도 던지며 책을 읽어보자. 적극적으로 덤비며 질문을 던져야 문장에 갇히지 않고 나만의 방법으로 삶을 헤쳐 나갈 지혜를 발견할 수 있다.

"삶은 우리가 무엇을 하며 살아왔는가의 합계가 아니라 우리가 무엇을 절실하게 희망해 왔는가의 합계이다." 스페인의 철학자 호세 오르테가 이 가세트Jose Ortega y Gasset의 말을 기억하며 절실한 마음으로 책에 한걸음 다가서자. 그런 태도에서 삶의 변화는 시작된다.

---

40 헤르만 헤세, 김지선 역, 《헤르만 헤세의 독서의 기술》, 뜨인돌, 2006. 11쪽.

내 인생에 던지는 질문

Q1. 지금까지 나는 어떤 마음가짐과 자세로 책을 읽었는가?

Q2. 적극적으로 책을 읽을 때 가장 필요한 덕목은 무엇이라고 생각하는가?

Q3. 당신에게 필요한 절실함은 무엇인가?

02

/

왜 질문 독서법인가

"단순히 정보처리 속도를 높이는 것이 목적이라면 독서는 무의미하다. 주체적으로 생각하는 힘을 기르는 것, 이것이야말로 독서의 본래 목적이다."

- 히라노 게이치로(平野啓一郎, 일본의 소설가)

독서와 관련된 책은 시대를 막론하고 베스트셀러 자리에 한두 종류는 꼭 있었다. 책이 만들어진 시대부터 현대까지 그 역사는 지속되고 있다. 이는 독서하는 방법이 그만큼 다양하다는 증거이다. 또 자신만의 독서법을 찾기가 어렵다는 뜻일 것이다. 괴테Johann Wolfgang von Goethe를 보면 이해가 간다. 괴테는 평생 115권의 책을 쓸 정도로 천재적인 작가였다. 인간 심연을 꿰뚫은 명작도 무수하다. 그런 집필 능력은 독서에서 비롯되었을 것이 분명하다. 독서를 통해 벼려낸 지혜가 명저를 쏟아내게 한 것이다. 그런데도 괴테는 효과적으로 책을 읽기 위한 방법 찾기에 힘썼다.

"나는 책 읽는 방법을 배우기 위해 80년이라는 세월을 바쳤지만 아직까지도 잘 배웠다고 할 수 없다."

평생을 책 읽는 방법에 몰두했다는 의미다. 어떤 책에서는 8년이라고 말하기도 하지만 연수가 중요한 것은 아니다. 책 잘 읽는 법을 터득하기 위해 힘썼던 그의 노력이 대단할 뿐이다. 그렇게 수많은 세월을 노력했지만, 아직도 잘 배웠다고 자신할 수 없다니……. 그만큼 독서법에는 왕도가 없다는 뜻이리라. 고대부터 지금까지 전해 내려온 독서법이 매우 다양한 것을 보면 알 수 있다.

나도 이 책을 집필하기 위해 수많은 독서법 책을 읽었다. 책 읽기와 관련된 도서라면 모두 섭렵하겠다는 마음으로 읽고 또 읽었다. 저자마다 독특한 방법의 독서법은 독자를 충분히 매료시킬 만했다. 독서로 삶을 변화시키겠다는 목적이 있는 사람이라면 누구나 혹할 정도로 설득력이 있었다.

그중에서도 가장 마음에 와닿은 독서 방법은 질문 독서와 관련된 내용이었다. 물론 내가 책을 집필하기 위한 목적으로 읽었기 때문에 그럴 수 있다. 다른 어떤 독서법보다 질문을 하며 책을 읽어야 한다는 점은 강력한 힘을 발휘할 수 있겠다는 믿음이 생겼다. 질문을 하며 읽는 독서는 자기 주도적인 독서가 되기 때문이다. 스스로 생각하며 읽도록 이끌기에 힘이 있는 것이다.

독서법의 명저자인 모티머 J. 애들러는 질문 독서의 중요성을 이렇게 말한다.

"질문이 무엇인지 알고만 있으면 아무 소용이 없다. 명심해두었다가 글을 읽으면서 실제로 던져보아야 한다. 이러한 습관을 지녀야 좋은 독자가 될 수 있다. 더 나아가서 질문에 자세하고 정확하게 답할 줄 알아야 한다. 책 읽는 '기술'이란 바로 이렇게 묻고 답하는데 익숙해진 능력을 갖춘 것을 말한다."[41]

애들러는 책 읽는 기술은 묻고 답하는 능력을 갖추는 것이라고 규정한다. 질문을 던지고 그것에 답을 적는 과정에서 독서가 주는 효능을 얻기 때문이라는 것이다. 그러면서 적극적인 독서, 능동적이고 삶을 변화시키는 독서는 질문을 던지고 답을 적는 과정에서 생기는 것이라고 또 강조한다.

"질문을 던지면서 읽는 습관을 지니게 되면 그렇지 않은 사람들보다 책을 더 잘 읽을 수 있다. 그러나 앞에서 지적한 대로, 질문을 던지는 것

41 모티머 아들러·찰스 반 도렌, 독고 앤 역, 《생각을 넓혀주는 독서법》, 멘토, 2012. 57쪽.

만으로는 충분치 않다. 그 질문에 답하려고 노력해야 한다. 그리고 마음속으로 답하는 것도 괜찮기는 하지만, 손에 펜을 잡고 하는 것이 훨씬 도움이 된다."[42]

질문을 던지고 답을 찾는 과정에서 진짜 지혜가 생긴다. 지혜는 깨달음에서 생기고, 깨달음은 적는 과정에서 생긴다는 것도 2장에서 서술했다. 애들러가 이야기한 대로 질문을 던지고 답을 찾는 독서를 하면 삶의 변화는 당연하게 이뤄진다.

그러나 나의 질문 독서법에는 한 가지 더 추가되는 것이 있다. 바로 질문의 체계성이다. 단계적으로 질문을 확장할 수 있도록 한 것이다. 책 내용을 이해하고 그 안에서 깨달음을 얻고, 사색하며 생각을 벼려내고, 삶에 적용할 것들을 발견하여 실천할 수 있는 질문을 체계적으로 던지고 답을 찾도록 했다. '5단계 질문 독서법'을 따라 질문을 던지고 답을 찾다 보면 나도 모르는 사이에 책 내용을 꿰뚫을 수 있다. 저자가 전달하려는 메시지도 스스로 찾아낼 수 있다. 질문을 던지고 답을 찾는 과정에서 저절로 사색이 이루어진다. 사색으로 벼려낸 생각의 깊이와 넓이는 어제와 다른 오늘을 살게 한다.

---

42 모티머 아들러·찰스 반 도렌, 독고 앤 역, 《생각을 넓혀주는 독서법》, 멘토, 2012. 57쪽.

나도 모르는 사이에 생각의 변화를 경험하게 되고 깨달음을 얻게 되는 것이다.

내가 이야기하는 질문 독서법은 5단계로 이뤄진다.

1단계는 '준비 읽기'다. 책의 본문을 읽기 전에 어떤 내용인지 미리 살펴보는 과정이다. 책 속 여행을 떠나기 전에 미리 정보를 탐색하며 여행을 효과적으로 할 수 있도록 준비하는 것이다. 어디로 가야 할지, 무엇을 보고 느껴야 할지 미리 살펴보고 떠난 여행은 다르다. 그렇게 1단계에서는 책을 미리 탐색해보며 준비한다. 책 속 여행 준비가 끝나면 바로 2단계로 넘어간다.

2단계는 '독해 읽기'다. 저자가 책에서 전달하는 메시지를 명확하게 읽어내는 과정이다. 미리 준비하는 과정에서 어느 정도 예측을 했기 때문에 더욱 쉽게 책 내용을 이해할 수 있다는 장점이 있다. 문장 속에 감춰진 저자의 의도까지 꿰뚫을 수 있도록 질문을 던지고 독해하며 읽는 것이다. 진짜 독해는 문장과 문장 사이의 행간을 읽어내야 한다. 행간에는 저자의 의도가 숨겨져 있다. 저자는 문장으로 이야기한다. 문장에는 저자의 생각과 의도가 숨겨져 있기에 심혈을 기울여 문장을 만나고 이해하며 읽는 것이 2단계다.

3단계는 '초서 읽기'다. 초서는 베껴 쓰는 것을 말한다. 저자가 풀어놓은 문장 중 감동적인 부분이나 핵심이 될 만한 문장을 따로 베껴 쓰고 그것에 질문을 던지는 과정이다. 평생 간직할 만한 문구가 있다면 암송까지 한다. 그렇게 벼려낸 문장과 문구가 깨달음을 주고 변화의 동기를 유발한다.

4단계는 '사색 읽기'다. 사색 읽기는 책 내용을 분석하고 토론하고 비판하고 비교하며 읽는 과정을 말한다. 발췌한 문장과 문구를 더 깊이 생각하며 지혜를 벼려내는 과정이다. 책 메시지를 곰곰이 생각하며 독자 자신의 것으로 만들려면 사색의 과정이 필요하다. 사색해야 깨달음을 얻고 지혜가 생긴다. 그때 저자의 것이 내 것으로 변환된다.

5단계는 '적용 읽기'다. 실천할 것들을 찾아내 변화를 일으키는 과정인 것이다. 생각한 것을 삶으로 표현하는 단계이다. 글로 표현해서 결과물로 남기기도 하고, 행동으로 옮길 것은 실천하도록 이끌어내는 과정이다. 모든 독서는 읽는 것으로 끝나면 의미가 없다. 반드시 실천으로 이어져야 한다. 거창한 것이 아닌 아주 사소한 것이라도 실천해야 내 것이 된다. 삶에 적용하고 실천했을 때 비로소 변화의 씨앗에 싹이 돋는다.

'준비準備'→'독해讀解'→'초서鈔書'→'사색思索'→'적용適用'. 이렇게 5단계로 질문하고 답을 찾으며 독서를 이어가다 보면 자연스럽게 책 내용을 이해하고 그 안에서 전하는 저자의 마음도 읽어낼 수 있다. 체계적으로 생각을 확장할 수 있어서 한번 읽은 책은 잘 잊히지 않을 정도로 강력하다. 그러니 질문 독서법을 하나하나 실천할 수 있도록 배워보자. 독서법에는 왕도가 없지만, 누구나 질문을 던질 수는 있지 않은가. 질문의 방법만 다르게 하면 얼마 지나지 않아 당신도 삶의 변화를 눈으로 목도目睹할 수 있을 것이다. 이미 질문 독서법은 힘이 있다는 것이 증명되었다.

내 인생에 던지는 질문

Q1. '책 읽는 기술'은 무엇이라고 생각하고 있었는가?

Q2. 나만의 특별한 독서법이 있는가? 그것이 삶에 어떤 변화를 일으켰는가?

Q3. 질문 독서법에 대한 첫인상은 어떠한가?

03

/

질문 독서 1단계 : 준비準備 읽기

"언제나 나는 근사한 누군가가 되기를 바랐지만, 문제는 그 바람이 좀 더 구체적이어야 했다는 점이다."

- 릴리 톰린(Lily Tomlin, 미국의 영화배우)

얼마 전 모 대학교에서 글쓰기 강의를 할 때 독서법에 대해 함께 이야기하는 시간을 가졌다. 글쓰기를 잘 하려면 독서가 제대로 되어야 한다는 이야기를 하기 위해서였다. 나는 한 대학생에게 책 한 권을 건네주면서 읽고 싶은 책을 발견하면 어떻게 하는지 그 모습을 보여달라고 했다. 그러자 그 대학생은 책을 받고서 곧바로 본문을 읽기 위해 책장을 넘기기 시작했다. 그러다가 슬그머니 고개를 들어 나를 바라보았다. 뭔가 분위기가 이상했는지 머리를 긁적이면서 말이다. 이런 모습은 다른 학생들과 함께할 때도 데자뷔Deja-vu처럼 떠오른다. 학생들은 읽어야 하는 책이 정해지면 어김없이 본문을 펼쳐 읽었다.

물론 본문을 먼저 읽는 것이 나쁘다는 것은 아니다. 그러나 바람직한 방법이라고 말할 수도 없다. 그렇게 본문부터 펼쳐서 읽다 보면 자신이 읽은 책의 제목이 무엇인지 모르고 읽을 때가 많기 때문이다. 미지의 세계를 탐험하는 신비감은 있겠지만, 반대로 무슨 내용을 읽고 있는지 몰라서 암담해 하는 경우도 있다. 책의 장르나 내용이 무엇인지 모르고 본문으로 돌진하니 분석적으로 읽어야 하는지, 스토리를 중심으로 읽어야 하는지 파악이 안 된 것이다. 미로에 갇힌 꼴이다. 어떻게 탈출구를 찾아야 할지도 모른다. 그러니 책 내용에 온전히 몰입할 수 없다. 어떤 학생은 책을 다 읽고 나서 읽은 책의 제목도 모르는 경우가 허다했다. 책 내용이 기억 속에 오랫동안 남아 있지 않을 거라는 것은 불을 보듯 훤하다. 책에서 전달하는 저자의 메시지를 온전히 꿰뚫기도 어렵다.

이런 과오를 줄이기 위해서 필요한 것이 질문 독서 1단계, '준비準備 읽기'다.

① '준비 읽기'는 책이라는 숲의 전체를 조망해보는 과정이다. 산 전체를 훑어보며 어떻게 산을 오를지 살피는 것이다. 전체를 머릿속에 그리고 산행을 해야 혹시 길을 잃어도 헤매지 않는다. 자신이 서 있는 위치를 전체를 통해 가늠해볼 수 있기 때문이다. 숲 전체를 조

망하면 어떤 방법으로 산행해야 할지 알 수 있다. 산등성이를 따라 빠르게 올라갈 것인지 아니면 골짜기 골짜기를 찬찬히 훑으면서 오를 것인지 가늠이 된다. 어떤 골짜기에 멋진 나무가 있는지도 파악이 된다. 책이라는 산을 더욱 알차고 의미 있게 오르기 위해 꼭 필요한 과정이다.

② 책을 읽을 가치가 있는지 없는지 살펴보는 과정이다. 살펴본다는 것은 먼저 이 책을 읽을 것인지 말 것인지를 판단하기 위함이다. 무턱대고 읽다가 중도에 포기하는 것을 미리 예방하는 것이다. 읽는 만큼 이익이라고 말할 수 있겠지만 시간과 열정의 낭비가 될 수도 있다. 이런 실수를 반복하지 않기 위해서 필요한 것이 살펴보기다. 두 번째는 미리 살펴서 어떻게 읽을 것인지 결정하는 과정이다. 분석적으로 읽을 것인지, 아니면 스토리를 중심으로 재미 삼아 읽을 것인지 미리 파악해보는 것이다. 자신에게 필요한 정보나 지식이 담겨 있는지 아닌지 판단할 수 있는 근거를 마련하는 과정이다. 살펴보기만 제대로 해도 읽지 않아도 될 책을 걸러낼 수 있다.

③ 책 내용을 예측하는 읽기이다. 미리 책을 훑어보면 책 내용이 무엇인지 예측할 수 있다. 책 제목을 보고 어떤 내용인지 살피고, 겉표지와 목차를 살피며 내용을 예측하고, 책에 그려진 그림을 훑어

보면 어느 정도 책 내용을 예측할 수 있다. 그림이 없는 책은 각 목차의 앞뒤 몇 줄을 읽으면 대강 내용을 파악할 수 있다. 그렇게 전체 목차를 빠르게 훑으면 자신이 읽을 책의 내용을 어느 정도 파악할 수 있다. 나와 함께 했던 많은 학생들이 예측 읽기만으로도 책 내용을 간파했다. 책을 다 읽고 나서 어떤 학생은 자신의 예측대로 내용이 흘러갔다며 좋아했다. 그 학생은 책과 금방 가까워질 수 있었다.

한국과 일본의 300만 독자를 사로잡은 공부 전문가이자 독서법의 저술가 사이토 다카시齋藤孝는 본문을 읽기 전, 미리 훑어보고 읽었을 때 장점을 이렇게 말했다.

> "책을 읽기 전에 어떤 내용인지 대강 파악하고 읽는다면 책을 읽다 헤맬 일도 줄어들고 효율적으로 책을 읽게 된다. 스포일러를 미리 알고 영화를 보는 것처럼 맥 빠지는 일이 아니냐고 말할지도 모르겠다. 하지만 책의 흐름을 타고 빠르게 읽어 나가는 쾌감, 내가 예상했던 대로 저자가 생각을 풀어 놓고 있는지 혹은 예상치 못한 방향으로 지적 자극을 주는지 지켜보는 흥분을 느낄 수 있다. 책을 미리 살펴보는 습관을 통해 좋은 책을 알아보는 안목까지 얻을 수 있음은 물론이다."[43]

---

43 사이토 다카시, 김효진 역, 《독서는 절대 나를 배신하지 않는다》, 걷는나무. 2015. 151쪽.

사이토 다카시는 본문을 읽기 전에 훑어보기만으로도 책을 알아보는 안목까지 얻을 수 있다고 강조한다. 그러면서 책을 읽기 전에 꼭 준비 읽기를 해야 한다고 조언한다.

빈털터리 대학원생이 명문 메이지대 교수가 되고 베스트셀러 작가가 된 이유가 이런 독서에 있었다고 하니 새겨들어볼 만한 이야기다.

④ 책의 흐름을 파악하는 과정이다. 미리 훑어보는 과정에서 책의 흐름이 어느 정도인지 알 수 있다. 천천히 음미하며 읽어야 하는지, 아니면 빠른 속도로 이야기를 꿰며 읽을 것인지 결정하는 척도가 된다. 책의 흐름은 빠른데 독자의 마음은 유유자적하면 저자와 함께 호흡할 수 없다. 이런 의미는 이수광의 《지봉유설》 '초학初學'에 잘 나와 있다.

"글을 읽을 때는 세 가지가 그곳에 머물러야 한다. 즉 마음이 머물러야 하고, 눈이 머물러야 하고, 입이 머물러야 한다. 마음이 그곳에 머무르지 않으면 눈이 자세하게 보지 않게 된다. 마음과 눈이 한곳에 머무르지 못하면, 다만 제멋대로 외우고 헛되이 읽을 뿐이다. 결코 책의 내용을 기억할 수 없고, 설령 기억한다고 해도 또한 오래가지 못하고 잊어버릴 것이다."[44]

우리 선조들도 책 속에 마음이 함께 있어야 함을 강조한다. 그만큼 책의 흐름을 타는 것은 중요하다. 흐름을 알면 책 속의 맥도 꿸 수 있기 때문이다.

그럼 1단계 '준비 읽기'에서는 책의 어떤 부분을 읽어야 할까?

① 책의 제목과 부제, 그리고 카피이다. 제목은 책 전체 내용을 대변한다. 전하려는 핵심 메시지가 제목에 함축되어 있다. 제목만 제대로 분석해도 책 내용을 어느 정도 예측할 수 있다. 그런데 한 가지 유념해야 할 것이 있다. 출판사에서 책 판매를 위한 목적이 너무 강해 독자를 낚기 위한 제목을 붙인다는 것이다. 내용과 상관없이 선정적이거나 독자가 혹할 수 있는 제목을 붙여 독자를 유혹한다. 제목만 보고 판단하면 출판사 의도에 낚일 가능성이 있다. 이런 부분을 보완하는 안전장치가 바로 부제이다. 부제를 보면 제목과 연관성을 따져볼 수 있다. 책 내용을 조금 더 보완해주는 성격이 짙으므로 책의 제목과 부제를 함께 보며 예측하면 내용을 예측하는 데 도움이 된다. 또한 책 판매를 위한 카피 글도 읽으면 낚시성 미끼를 피

---

44 엄윤숙 · 한정주, 《조선 지식인의 독서노트》, 포럼, 2008. 60쪽.

할 수 있다.

② 책표지와 서문을 보아야 한다. 표지에는 책의 날개까지 포함된다. 표지의 앞면과 뒷면에는 책에서 전달하려는 핵심 메시지가 담겨 있다. 디자이너들은 책 내용을 제대로 전달하기 위해 표지에 상징성을 덧입혀 디자인하기 때문에 책 내용을 간파하는 데 도움이 된다. 뒤표지에는 대부분 책 내용의 일부를 소개하거나 추천사가 실려 있다. 앞뒤를 제대로 살피면 책 내용을 어느 정도 파악할 수 있다.

나아가 글을 쓴 저자가 누구인지 자세히 살펴야 한다. 책의 앞날개에는 대부분 저자의 이력이 적혀 있다. 책을 쓴 사람이 살아온 과정과 이력은 글의 내용을 예측하는 데 많은 도움이 된다. 저자에 대한 가치관이나 그의 삶은 문장을 통해 고스란히 전달된다. 독서는 저자의 삶과 가치와 지식과 경험과 지혜를 통해 지혜를 발견하는 과정이기 때문이다.

그리고 서문은 책의 예고편과 같다. 서문은 저자가 어떤 의도와 목적으로 책을 집필했는지 아는 척도가 된다. 그리고 어떤 방법으로 책을 읽으면 효과적으로 책 내용을 알 수 있을지도 서술해 놓는다. 그러므로 서문을 꼼꼼하게 챙겨보아야 한다. 많은 사람들이 서문의 중요성을 간과하고 있다. 서문을 제대로 읽지 않으면 저자의 의도를 간파하기 어렵다.

③ 차례는 준비 읽기의 핵심요소다. 차례는 책 내용을 미리 읽어 보는 핵심이자 뼈대이다. 책을 쓰면서 저자가 가장 시간을 많이 투자하며 신경 쓰는 부분이 차례 정하기다. 콘셉트를 명확히 해 줄 차례가 완성되면 책 쓰기의 절반이 진행된 것이나 다름없다. 저자는 차례에 따라 메시지를 덧입히며 집필을 하면 되기 때문이다. 나도 13권의 책을 쓰면서 가장 염두에 두는 것은 차례다. 차례만 잘 구성하면 그다음은 일사천리다. 저자가 이처럼 심혈을 기울여 차례에 신경을 쓰는 것은 차례의 영향이 그만큼 크다는 것을 증명한다.

차례는 책 내용을 한눈에 파악할 수 있는 지도와 같다. 차례를 잘 분석하면 저자가 핵심 메시지를 어디에 풀어 놓았는지 파악할 수 있다. 제대로 읽을 부분이나, 대충 훑고 지나가도 될 부분도 알아낼 수 있다.

본격적인 책 읽기에 앞서 저자가 핵심 메시지를 풀어 놓은 곳을 뒤적이며 읽어보라. 그러면 저자가 전달하려는 메시지를 미리 챙겨 볼 수 있어 책 내용을 이해하는 데 많은 도움이 된다. 지금 이 책을 읽고 있는 이 부분은 전체 글 중에 어느 정도에 해당하는지 차례를 통해 살펴보라. 그러면 앞으로 읽을 내용과 더 알아야 하는 것도 발견할 수 있다.

그림책을 읽는다면 먼저 그림만 살펴보는 것도 좋다. 그림만 제대로 읽어도 내용 파악이 가능하다. 그런 다음 글을 읽으면 자신이 예측한 것을 비교하며 읽는 재미가 있다. 자신이 상상한 대로 글이 전개되면 더 흡입력 있게 글을 읽을 수 있는 장점이 있다.

준비 읽기 과정은 자신이 탐정이라고 생각하고 읽으면 좋다. 사건의 실마리를 찾아내려는 탐정이라고 생각하고 책을 훑어본다면 자신이 셜록 홈스가 되는 듯한 착각에 빠질 것이다. 여기서 이야기하는 부분만 실천해도 셜록 홈스가 사건을 해결할 단서를 찾아내는 비상한 능력이 자신에게도 있다는 것을 발견할 수 있을 것이다.

이제 가장 중요한 것이 남았다. 1단계 준비 읽기에서 필요한 질문이 무엇인지 아는 것이다. 지금까지 준비 읽기의 필요성과 방법에 대해 풀어놓은 메시지를 바탕삼아 던질 수 있는 질문 말이다. 몇 가지 핵심적인 질문을 던지고 준비 읽기에서 필요한 덕목들을 간파해 나가면 된다. 그 질문들은 아래와 같다. 꼭 책의 본문을 읽기 전에 아래의 질문에 답을 해야 한다. 질문에 답을 하는 것과 하지 않는 것은 하늘과 땅 차이이다. 이것이 질문 독서법의 핵심이다.

질문 독서법 1단계 : '준비 읽기'의 핵심 질문

Q1. 책의 제목과 부제, 그리고 카피를 보고 책 내용을 추측해 본다면?

Q2. 책의 겉표지에 드러난 것들을 통해 작가는 무슨 지식이나 메시지를 어필하려고 하는가?

Q3. 책을 쓴 저자와 서문(프롤로그, 머리말)으로 알 수 있는 것은 무엇인가?

Q4. 1~3번까지 정보와 차례를 종합해 책 내용을 예측해 보자.

1) 책의 주제는 무엇인가?

2) 책의 장르는 무엇인가?

3) 책의 내용은 무엇인가?

4) 핵심 메시지는 어디에 담겨 있는가? 또 그곳을 훑어본 결과는 어떠한가?

Q5. 이 책은 내가 시간을 투자해 읽을 만한 가치가 있는가?
가치가 있다면 그 이유는 무엇인가?

04

/

질문 독서 2단계 : 독해讀解 읽기

"많은 지식을 섭렵해도 자신의 것이 될 수 없다면
그 가치는 불분명해지고, 양적으로는 조금 부족해 보여도
자신의 주관적인 이성을 통해 여러 번 고찰한 결
과라면 매우 소중한 자산이 될 수 있다."
- 쇼펜하우어(Arthur Schopenhauer, 독일의 철학자)

1단계 준비 읽기에서 책 전체를 조망하고, 흐름을 파악하며 내용을 예측하는 행위는 사실 2단계 '독해 읽기'를 잘하기 위한 것이다. 1단계가 제대로 되면 2단계도 그리 어렵지 않게 다가설 수 있다. 나와 함께 한 많은 교육생들이 1단계만으로도 책 내용을 어느 정도 간파했다. 그들에게 책을 읽는 과정은 마치 즐거운 여행 같았다. 자신이 예측한 대로 펼쳐지는 내용을 읽으며 교육생들은 짜릿한 감동을 느꼈다. 작가와 생각을 같이한다는 동질감도 가지며 흐뭇해했다. 몰입

도는 당연히 최고조다. 한 눈 팔 새 없이 책을 탐독해 나간 것이다. 그러다 보니 독해도 수월하게 해냈다.

책을 읽는 일차적인 목적은 책 내용을 이해하고 그 뜻을 파악하는 것이다. 독서의 본질인 변화는 책에서 전하는 메시지가 내면화되었을 때 가능해진다. 즉 작가가 전달하려는 메시지를 이해하고 그 뜻을 파악해서 자신만의 것으로 만들어 적용해야 변화가 일어난다. 궁극적인 목적 달성의 시작점이 독해에서 비롯되는 것이다.

다산 정약용도 책을 읽는 목적은 독해에 있다고 〈시경강의서詩經講義序〉에 말한다.

"책을 읽는 것은 뜻을 구할 뿐이다. 만약 뜻을 얻는 것이 없으면 비록 하루에 천 권을 읽는다 하더라도 얼굴이 담을 향한 것처럼 무식할 것이다. 그렇지만 글자의 뜻을 훈고訓詁하는 것에 밝지 않으면, 의미도 따라서 어두워진다. 혹 동쪽을 해석하면서 서쪽이라 하면 뜻이 어그러지게 되니, 이것이 옛 선비들이 경서經書를 해석할 적에 대부분 훈고를 앞세운 까닭이다. (중략) 그러므로 한 글자의 뜻을 실수하면 한 구句의 뜻이 어두워지고, 한 구의 뜻을 실수하면 한 장章의 뜻이 어지러워지고, 한 장의 뜻을 실수하면 한 편篇의 뜻이 이미 연나라와 월나라처럼 멀리 서로 동떨어지게 된다."

독해讀解는 '글을 읽어서 뜻을 이해한다'는 뜻이다. 읽는 행위 자체가 중요한 것이 아니라는 것이다. 그런데도 많은 사람들이 눈으로 문자를 읽는 것을 독서로 착각한다. 독서는 저자가 문자로 전달하는 그 뜻을 이해할 수 있어야 진짜 독서라 할 수 있다. 뜻을 알지 못하면 이해할 수 없고, 이해할 수 없으면 깨달을 수 없다. 깨달음이 없으면 변화는 일어날 수 없다.

그래서 2단계가 중요하다. 2단계는 깨닫고 변화를 일으키는 매우 중요한 단초端初를 제공하기 때문이다.

그럼 2단계 '독해 읽기'는 어떻게 하는 게 좋을까?

① 독해를 제대로 하는 데 필요한 것은 먼저 어휘와 개념을 익히는 것이다. 영어를 읽으며 그 뜻을 이해할 때 가장 중요한 것이 무엇일까? 바로 단어의 뜻을 아는 것이다. 단어의 뜻을 제대로 모르면 올바른 해석을 할 수 없다. 한글도 마찬가지다. 어휘를 제대로 알아야 문장에서 전달하는 의미를 이해할 수 있고 숨겨진 뜻도 발견할 수 있다. 작가는 대부분 어휘와 문장 자체에 자신이 전달하려는 메시지를 그대로 노출하지 않는다. 그 문장 너머를 바라보아야 메시지를 읽어낼 수 있도록 숨겨놓는 경우가 많다. 그런데 문장을 이루는 가장 기본적인 단위인 어휘의 뜻을 알지 못하면 어떻게 문장 너머에 숨겨 놓은 메시지를 읽어낼 수 있겠는가. 정약용의 말처럼 책을

읽어도 담벼락을 보는 것과 같을 뿐이다.

어휘의 뜻과 더불어 중요한 것은 개념이다. 개념概念은 전문성을 띠는 책에 주로 나온다. 작가가 전달하려는 전문적인 지식과 정보, 메시지를 읽어내려면 기본적인 개념을 알아야 한다. 개념을 이해하지 못하고서는 깊이 있는 해석을 할 수 없다. 그러니 책을 읽는 가운데 모르는 어휘나 개념이 나오면 꼭 그 뜻을 알고 이해한 다음에야 다시 책을 읽어가야 한다.

어휘와 개념의 중요성은 다시 다산 정약용의 말을 통해 마음에 새기자. 다산은 아들 학유에게 어떻게 독서를 해야 하는지 〈학유에게 부침, 기유아寄游兒〉를 통해 가르침을 준다. 이것이 질문 독서 2단계의 핵심이다.

> "내가 몇 년 전부터 자못 독서할 줄 알았는데 헛되이 마구잡이로 읽으면 하루에 천 권 백 권을 읽어도 오히려 읽지 않음과 같다. 모름지기 독서란 한 글자라도 뜻을 이해하지 못하는 곳을 만나면 널리 고찰하고 자세히 살펴 그 근원을 찾아내야만 한다."

② 문맥을 이해하는 독서를 하라. 독해는 사실 문맥을 이해하는 것이다. 문장과 문장이 이어지며 전달되는 의미를 읽어내는 것을 말한다. 좋은 독서법은 저자의 의중과 책의 흐름을 따라가면서 책의

관점과 기초를 파악하는 것이다.[45] 흐름을 놓치지 않고 글을 읽어내려면 어휘와 개념이 정리되어야 가능하다. 모르는 단어가 나오면 흐름을 유지하며 읽어가기 힘들다. 그래서 초보 독자의 경우라면 자신이 가장 재미있게 읽을 수 있는 책부터 읽는 것이 좋다. 그렇게 훈련하며 어휘와 개념의 폭을 넓히는 것이다.

두 번째, 문맥을 이해하려면 행간의 의미를 읽을 수 있어야 한다. 행간의 의미를 읽어내는 방법은 애들러의 조언을 참고하면 좋겠다.

> "최대한 잘 이해하려면 '행간을 읽으라'는 옛말이 있다. 읽기의 원칙이라는 말도 이를 좀더 형식적으로 표현한 것뿐이다. 그런데 지금은 '행간에 적으라'로 말하고 싶다. (중략) 왜 책을 읽으면서 뭔가를 적어 넣어야 할까? 첫째, 깨어있게 한다. 단지 의식이 있게 한다는 것뿐 아니라 자각할 수 있게 한다는 것이다. 둘째, 능동적으로 책을 읽는다는 것은 생각한다는 것이며, 생각한다는 것은 말이든 글이든 언어로 표현한다는 것이다. 자신의 생각을 알기는 아는데 표현하지 못하겠다는 사람은 그 생각을 잘 알지 못하는 것이다. 셋째, 자신의 느낌이나 생각을 적는 것은 저자의 사상을 기억하는데 도움이 된다."[46]

---

45 장경철, 《책 읽기의 즐거운 혁명》, 두란노, 2002. 54쪽.

46 모티머 아들러·찰스 반 도렌, 독고 앤 역, 《생각을 넓혀주는 독서법》, 멘토, 2012. 58~59쪽.

법제처장을 지낸 이석연 변호사는 독서를 통해 어떻게 인생을 살아가야 할지 알게 되었다고 말한다. '책 권하는 사회 운동본부'를 운영할 정도로 독서 운동에 매진하고 있는 그는《책, 인생을 사로잡다》에 이렇게 말했다.

"어느 책에서나 독서를 통해 얻는 것을 극대화하기 위해서는 행간에 숨은 뜻을 읽어야 한다. 그러나 나는 여러분에게 행간에 글을 지어 넣도록 권하고 싶다. 이렇게 하면 아마 가장 효과적인 독서를 하게 된다."

"나는 책을 읽다가 이해가 가지 않는 문장이나 단락이 있으면 그 자리에서 내용을 수첩에 천천히 옮겨 적는다. 그러면 신기하게도 미처 깨닫지 못한 문맥의 의미가 구체화 되어 그 뜻을 체득하게 된다."[47]

애들러의 독서법과 뜻을 같이하는 그의 독해 방법은, 글을 읽으며 문맥을 파악할 수 있는 단서들을 행간에 기록하는 것이다. 그렇게 읽어 가면 문장과 문맥, 그리고 행간의 의미까지 읽어낼 수 있다.

③ 책의 사건이나 정보를 파악하도록 읽어라. 책에서 전달하려는 사건이나 정보를 파악할 수 있어야 한다. 소설이 아니라면 작가가

---

47 이석연,《책, 인생을 사로잡다》, 까만양, 2012., 28쪽.

책에서 전달하고 싶어 하는 정보를 한눈에 파악할 수 있도록 읽어야 한다. 그러려면 각 목차에서 전달하려는 메시지를 한두 문장으로 요약하며 읽는 것이 좋다. 모든 책의 목차를 다 요약하면 힘이 든다. 그러므로 책의 핵심 메시지가 담겨 있는 곳을 요약하면 책을 독해하는 데 큰 도움이 된다. 책 한 권에 대한 콘셉트를 한 문장으로 표현할 수 있다면 완벽한 독해가 이루어졌다고 볼 수 있다.

④ 사건의 원인과 결과를 파악하는 데 주력하며 읽어라. 사건의 원인과 결과를 파악하려고 읽으면 독해에 많은 도움이 된다. 사건과 관련된 전후 상황을 생각하며 읽는 것이다. 가장 좋은 방법은 질문을 던지는 것이다. 왜 그런 행동을 하게 됐는지, 그 사건이 일어난 이유는 무엇인지 스스로 질문하며 읽으면 독해에 많은 도움이 된다. 이렇게 다양한 방법을 동원해 독해에 성공해야 한다. 독해에 성공한 후에야 비로소 깨달을 수 있고, 삶에 적용할 지혜를 벼려낼 수 있기 때문이다.

⑤ 밑줄을 긋고 중요표시를 하며 읽어라. 인간의 기억에는 한계가 있다. 기억의 한계를 극복하기 위해 뇌는 기억을 지운다. 이는 뇌가 살기 위한 방편이기도 하다. 지워야 채워 넣을 수 있기 때문인데, 문제는 진짜 중요한 것도 뇌가 지워버린다는 것이다. 그래서 뇌에게 중

요한 내용이니 잊지 말라는 각인을 시켜줄 필요가 있다. 그중에 하나가 중요한 핵심내용에 밑줄을 긋고 중요표시를 해 두고 책장을 접어두는 것이다. 책을 읽고 난 후 밑줄 긋고 중요표시를 해 놓고 책장을 접어 둔 부분만 훑어보면 책 내용을 기억하고 이해하는 데 많은 도움이 된다. 시간이 흘러 다시 보아도 생각이 날 정도다.

> "책을 읽어본 사람은 누구나 책에 남기는 밑줄을 안다. 밑줄은 책 속에 숨어 있는 가느다란 하나의 줄이 아니다. (중략) 밑줄은 비비 꼬인 문제를 해결하는 실마리이고, 단서고, 유레카다. 전에 보이지 않는 것을 보게 하는 새로운 눈이고 꿰뚫어 보는 안목이다."[48]

위와 같은 방법을 동원해 독해에 성공해야 한다. 2단계 독해 읽기에 성공해야 3단계, 4단계, 5단계로 이어질 수 있다. 질문 독서법의 특징은 1단계부터 5단계까지 유기적으로 작동된다는 것이다. 1단계가 잘 돼야 2단계가 수월하고, 2단계가 잘 돼야 3단계에서 중요한 내용을 발췌할 수 있다. 3단계가 잘 되면 4단계에서 사색하며 인생의 지혜를 벼려낼 수 있다. 역시 4단계가 잘 되어야 5단계에서 삶에 적용하며 변화를 일으킬 수 있다.

---

48 이효정, 《언더라인》, 초록물고기, 2015. 8~9쪽.

질문 독서법 2단계 : '독해 읽기'의 핵심 질문

독해 읽기는 책의 성격과 장르에 따라 질문이 달라야 한다. 그러나 여기서는 공통으로 던질 수 있는 질문을 담았다. 4장에서 더 자세하게 질문 던지는 방법을 이야기하겠다.

Q1. 이 책을 통해 새롭게 알게 된 어휘나 개념은 무엇인가?

Q2. 책을 읽으면서 새롭게 발견한 지식이나 정보는 무엇인가?

Q3. 이 책은 무엇을, 어떻게 자세히 다루고 있는가?

Q4. 이 책이 쓰인 배경(시대적, 공간적)은 무엇이라고 생각하는가?

Q5. 이 책의 콘셉트를 한 문장으로 표현한다면 무엇인가?

Q6. 저자는 무엇을 이야기하고 해결하기 위해 이 책을 썼을까?

Q7. 이 책은 전체적으로 무엇에 관한 이야기를 하고 있는가?

05

/

질문 독서 3단계 : 초서鈔書 읽기

"책 속에서 우연히 발견한 나에게 의미 있는 한 대목,
어쩌면 단 한 구절만으로도 책은 나의 분신이 된다."
- 윌리엄 서머셋 몸
(William Somerset Maugham, 영국의 작가)

2단계 독해 읽기로 책의 내용이 이해되고 그 의미가 파악되었다면 그다음에는 무엇을 해야 할까? 마음을 울리는 문장을 벼려내야 한다. 독서로 변화를 일으키려면 마음을 울리는 하나의 문장을 만나는 것이 중요하다. 책 내용을 독해로 이해했다고 해도 그 내용이 머릿속에 오랫동안 남아 있기는 불가능하다. 시간이 흐르면 스토리가 막연하게 떠오르며 희미해진다. 그러면서 서서히 잊힌다. '아, 그 책 참 좋았었는데'라며 되뇔 뿐이다. 마음속에 감동을 붙잡아 두기가 힘들어지는 것이다.

그래서 책의 핵심을 말해주는 문장을 만나는 것이 중요하다. 예를 들어 드라마 〈도깨비〉를 보고 책을 읽었다면 명대사를 떠올리며 글로 적어두는 것이다. '너와 함께 한 시간 모두 눈부셨다. 날이 좋아서. 날이 좋지 않아서. 날이 적당해서. 모든 날이 좋았다.' 그리고 그 대사를 되뇌며 공유를 생각하고 김신을 생각하며 다시 그 감동 속으로 들어가는 것이다. 그러면 오랫동안 기억할 수 있다.

나는 강의를 할 때면 위 대사를 자주 인용한다. 그러면 한순간 몰입을 시킬 수 있다. 딴짓을 하던 사람들도 위 대사 한마디면 나에게 시선을 돌린다. 특히 여성들이 있는 곳이라면 더더욱 반응이 뜨겁다. 강의하는 나도, 듣는 청중도 덩달아 미소를 짓기 바쁘다. 다만 공유와 모든 면이 다른 내가 그 대사를 던졌다는 것이 실망일 뿐이다. 그만큼 감동받은 문장과 문구는 힘이 있다.

이처럼 책을 읽으면서 좋았던 부분들, 핵심적인 내용, 오랫동안 가슴에 품고 싶거나 암송하고 싶은 내용을 발췌해 두어야 한다. 책을 이해하는 데 도움이 되고, 명언과 명구, 명문장으로 삶의 지혜를 벼려내기에 도움을 주기 때문이다. 이런 방법으로 책을 읽는 것을 초서鈔書(초록抄錄이라고도 함) 독서법이라고 부른다. 노략질할 초抄의 뜻과 같이 책의 중요한 내용을 뽑아서 써놓는 것을 말한다.

'초서 읽기'는 많은 저술가와 독서가들이 즐기는 독서법이었다. 대표적인 인물이 다산 정약용이다. 다산은 유배를 떠난 강진에서 두 아들을 걱정하며 편지로 소식을 전한다. 폐족이 되어서 살아가야 하는 아들들을 걱정하며 독서를 강조한다. 그러면서 초서 독서법으로 책을 읽으라고 조언한다.

"올 겨울부터 내년 봄까지 《상서尙書》와 《좌전》을 읽도록 하거라. (중략) 《고려사》《반계수록》《서애집》《징비록》《성호사설》《문헌통고》 등도 읽어보고, 그 내용 중 중요한 것을 발견하면 초서하도록 하여라."[49]

다산의 두 아들은 초서가 과연 효과가 있을지 의문이 들었다. 단지 베껴 쓰는 것만으로 어떤 효과를 거둘지 의심이 들었는지 아버지께 물었다. 이에 다산은 이렇게 답한다.

"책을 가려 뽑는 방법은 공부가 먼저 중심이 잡혀야만 저울질이 마음속에서 이루어져서 취하고 버리는 것이 어렵지 않게 된다. 공부하는 요령은 앞서도 이미 말했는데, 네가 틀림없이 이를 잊은 모양이로구나. 그렇지 않고서야 어찌 초서의 효과를 의심해서 이 같은 질문을 한단 말이냐? 한 권의 책을 읽어도 내 공부에 보탬이 될 만한 것은 옮겨

---

49 이지성, 《리딩으로 리드하라》, 문학동네, 2015. 254쪽.

적고, 그렇지 않은 것은 쳐다보지도 말아야 한다. 이렇게 하면 1백 권의 책도 열흘이면 모두 읽을 수 있다."[50]

정약용은 책의 내용 중에서 중요한 내용을 따로 적어두고 그것을 중점적으로 읽으라고 조언한다. 그럼 정약용은 왜 이렇게 말했을까? 정약용은 다작가였다. 500권이 넘는 책을 집필할 정도였다. 그렇게 많은 책을 집필한 경험으로 보아 글을 쓰는 사람은 중요한 내용으로 책 전부를 채울 수 없다는 것을 알았다. 진짜 핵심이 되는 내용을 부연 설명하는 데 필요한 글이 필요했다. 그래서 정약용은 작가가 책을 통해 전하려는 진짜 핵심만 간추려 적어놓고 그것만 보아도 괜찮다고 강조한 것이다.

책을 쓰는 나도 이 부분은 공감이 간다. 정말로 중요하게 전달하려는 메시지를 더 돋보이게 하기 위해 필요한 글들은 따로 있다. 그 핵심적인 문구와 문장을 돋보이게 하기 위해 설명을 하고 예화를 늘어놓는다. 핵심적인 문구와 문장이 한 편의 글의 중심을 잡아주고 핵심을 돋보이게 한다. 이런 글을 흔히 중심문장이라고 부른다.

독자는 글을 쓴 사람이 전달하려는 핵심을 파악해 그것을 초서하

50 정민, 《정민 선생님이 들려주는 고전 독서법》, 보림, 2012. 122쪽.

고 읽으면 정약용의 말대로 열흘이면 일백 권도 읽어낼 수 있다. 예전에 읽었던 내용을 다시 재현해 낼 수 있는 것이다. 그것도 아주 짧은 시간에 속성으로 예전 기억을 끄집어낸다. 그만큼 초서 독서의 힘은 강하다.

다산 정양용뿐만 아니라 책만 읽는 바보로 불리는 이덕무도 초서의 중요성을 강조한다. 이덕무가 〈사소절〉에 그 의미를 이렇게 밝혀 두었다.

> "대체로 글이란 눈으로 보고 입으로 읽는 것보다 손으로 직접 한 번 써보는 것이 백 배 낫다. 손이 움직이는 대로 반드시 마음이 따르므로, 20번을 읽고 외운다 하더라도 힘들여 한 번 써보는 것만 못하기 때문이다. 하물며 가장 중요한 내용을 밝혀낸다면 일을 살피는 데 자세하지 않을 수 없고, 감추어진 이치를 반드시 끄집어낸다면 생각하는 것이 정확하고 세밀하지 않을 수 있겠는가?"[51]

이덕무는 이렇게 초서한 것을 모아 책으로 만들기도 했다. 그 책 제목을 《이목구심서耳目口心書》라고 붙였다. 제목대로 '귀로 들은 것', '눈으로 본 것', '입으로 말한 것', '마음으로 생각한 것'을 적은 것이

---

51 박경남, 《조선 왕의 독서법》, 북씽크, 2014. 159쪽

라는 뜻이다.

이 시대의 인문 독서가로 불리는 박웅현이 있다. 그가 쓴 책들은 모두 베스트셀러가 되어 독자들의 마음을 훔쳤다. 인문학 강독회를 엮어 베스트셀러가 된 《책은 도끼다》에서 그는 이렇게 말한다.

> "우선 저는 이렇게 책을 읽으면서 좋은 부분들, 감동받은 부분들에 줄을 치고, 한 권의 책 읽기가 끝나면 따로 옮겨 놓는 작업을 합니다. 이 강의의 목표는 이런 방식의 책 읽기를 통해 제가 느낀 '울림'을 여러분께 전달하는 것입니다."[52]

청중들이 좋아하는 강의를 할 수 있게 된 이유가 초서였다는 것이다. 초서를 통해 느낀 울림을 청중들에게 들려주고 그것을 글로 써 책으로 만든 것이다.

마음을 울리는 문장을 종이에 쓰지 않고 마음에 새긴 사람도 있다. 철저하게 암송해서 잊히지 않도록 한 것이다. 그 말의 의미는 고대 그리스도교의 가장 위대한 사상가인 아우구스티누스Augustinus의 말을 통해 알 수 있다.

---

52 박웅현, 《책은 도끼다》, 북하우스, 2011. 14쪽.

아우구스티누스 : 이런 책들이 도움이 되지 않을까?

프란체스코 : 책은 읽을 때는 매우 유익하지만, 책이 손을 떠나자마자 그 책에 대해 느꼈던 모든 감정도 눈 녹듯 사라지고 마는 걸요.

아우구스티누스 : 그런 식의 독서는 매우 보편적이라네. 학식 있는 사람들도 상당수 있으니까…… 하지만 자네가 적절한 여백에 약간의 메모를 간결하게 적어 놓으면 아마 독서의 열매를 쉽게 즐길 수 있을 걸세.

프란체스코 : 어떤 종류의 메모를 말씀하시는 겁니까?

아우구스티누스 : 책을 읽다가 자네의 영혼을 뒤 흔들거나 유쾌하게 만드는 경이로운 문장을 마주칠 때마다 자네의 지적 능력만을 믿지 말고 억지로라도 그것을 외우도록 노력해 보게나. 그리고 그것에 대해 깊이 명상하여 친숙한 것으로 만들어 보라구. 그러면 어쩌다 고통스런 일이 닥치더라도 자네는 고통을 치유할 문장이 마음속에 새겨진 것처럼 언제든지 준비되어 있음을 깨닫게 될 걸세. 자네에게 유익할 것 같은 어떤 문장이든 접하게 되면 분명히 표시해 두게. 그렇게 하면 그 표시는 자네의 기억력에서 석회의 역할을 맡을 것이지만 그렇지 않을 경우에는 멀리 달아나고 말 걸세.[53]

아우구스티누스의 말을 살피면 유대인의 우수성이 어디서 비롯

---

53 알베르토 망구엘, 정명진 역, 《독서의 역사》, 세종서적, 2016. 97~98쪽.

되었는지 이해가 간다. 유대인은《토라》를 철저히 암송해 마음에 새겼다. 왜 그들이 철저하게 암송을 했는지는 그들의 역사를 살피면 알 수 있다. 유대인들은 나라를 빼앗기고 세계를 떠돌아다녔다. 언제 어느 때 삶의 터전을 잃을지 몰랐다. 책을 중요하게 여겨도 순식간에 쫓겨나면 들고 갈 수가 없었다. 그래서 그들은 철저하게 성경을 암송해 머릿속에 담았다. 진리의 말씀을 마음에 새겨두고 삶의 지표로 삼았다. 그 힘이 세계를 주도하게 된 것이다.

질문 독서법에서 추구하는 초서 읽기도 앞서 설명한 것과 다르지 않다. 초서 읽기의 효과는 이미 검증되었기 때문이다. 그러나 질문 독서법에서는 한 가지가 더 추가된다. 바로 질문이다. 자신이 초서해 둔 글에 직접 질문을 던지고 스스로 답을 쓰는 것이다. 마음을 울리는 문장이나 책의 핵심이 되는 문구에 질문을 던지고 그에 따른 깨달음을 함께 적는다. 왜 그 문장(문구, 문단)을 선택하게 되었는지, 그 문구를 통해 얻는 지혜나 깨달음, 감동까지 함께 적어야 한다.

그러면 그 문구는 나의 것으로 재해석되어 내면화에 이르게 된다. 저자의 생각과 메시지가 아니라 나만의 해석으로 재구성되는 것이다. 그렇게 벼려낸 지혜와 깨달음은 그 누구의 것도 아닌 진짜 내 것이다. 삶의 변화는 그런 깨달음을 통해 이루어진다.

질문 독서법 3단계 : '초서 읽기'의 핵심 질문

Q1. 이 문장(문구)을 초서한 이유는 무엇인가?

Q2. 작가는 이 문장을 통해서 어떤 메시지를 전달하고 싶었을까?

Q3. 이 문장을 통해 새롭게 알게 된 지식이나 깨달음은 무엇인가?

Q4. 이 문장은 나에게 어떤 의미가 있는가?

Q5. 이 문장을 활용해 확장해야 할 생각이나 지혜는 무엇인가?

Q6. 이 문장에 나만의 생각을 덧입혀 재해석해서 적는다면 어떻게 쓸 것 같은가?

06

/

질문 독서 4단계 : 사색思索 읽기

"다섯 수레의 책을 술술 암송하면서도 그 의미는
전혀 모르는 사람들이 있다. 왜 그런 일이 발생하는가?
사색하지 않기 때문이다."
– 서애 류성룡(西厓 柳成龍, 조선 중기의 문신)

1단계로 책 읽기를 잘 준비해서 2단계 독해에 성공했다. 그리고 마음을 울리고 감동적인 문장을 초서해 마음에 새기는 법을 배웠다. 꼭 글로 써두지 않더라도 암송해서 언제 어느 때든 활용하는 법을 3단계에서 알 수 있었다. 그럼 이제는 무엇을 해야 할까? 책 내용을 독해해서 이해한 것과 마음을 울리는 문장을 사색해야 한다. 작가의 것을 자신의 것으로 만드는 과정이 바로 사색이다. 독자는 사색을 하며 주관적인 해석으로 완전히 자신의 것으로 만들어야 한다.

사색은 작가의 것을 내 것으로 만드는 숙성의 과정이다. 녹여내고 벼려내고 융합하여 나만의 생각으로 덧입히는 것이다. 사색 없는 독서는 음식을 먹고 소화하지 못하고 먹은 대로 배설하는 행위와 같다. 사색 없는 독서에 대해 이익은 〈논어질서서論語疾書序〉에 이렇게 말했다.

"오늘날 사람들은 책은 존중하지만 그 정신은 잃었다. 글은 읽으면서도 그 뜻은 저버리고 있다. 깊이 생각하면 잘못이라 하고, 의문을 제기하면 주제넘다 하며, 부연 설명하면 쓸데없는 짓이라 한다. 곧이곧대로 규정하여 모든 사소한 부분까지도 성역을 설정하는데 힘을 쏟는다. 그 결과 둔한 사람과 총명한 사람을 구분할 수가 없게 되었다. 이것이 어찌 옛사람이 뒷사람에게 기대하는 바이겠는가? 가령 사람이 백리 길을 가는데 한 사람은 수레와 말을 갖추고 하인과 마부가 앞장을 서서 하루만에 당도하였고, 한 사람은 옆길로 찾아가다가 곤란을 겪은 뒤에 겨우 도달했다고 하자. 만일 이들로 하여금 그 길을 가게 한다면 길을 찾아가며 다닌 사람은 정확히 알아, 길잡이를 앞세우고 간 사람처럼 갈림길이나 네거리에서 헤매지 않을 것이다. 마찬가지로 옛 주석만을 그대로 지키는 것은 마음으로 체득하는 것이 아님을 알 수 있다."[54]

54 정민, 《오직 독서뿐》, 김영사, 2013. 45쪽.

사색의 의미를 성호 이익은 '자기만의 방법으로 길을 찾는 과정'이라고 설명한다. 누군가 이끌어주는 대로 가는 것이 아닌 느리고 힘들지라도 스스로 찾아가는 길이 효과적이라고 설명한다. 맞는 말이다. 자기만의 생각과 창의적인 결과물은 스스로 사색하는 과정에서 생기기 때문이다. 이익의 말을 톨스토이Leo Nikolayevich Tolstoy는 한 문장으로 축약한다.

"기억에 의해서가 아니라 사색에 의해서 얻어진 것만이 참된 지식이다."

책은 작가가 자신의 언어로 풀어 펴낸 창의적인 산물이다. 작게는 수십 권, 많게는 수백 권의 책을 읽고 자신만의 생각으로 풀어내 엮는다. 하나의 완성된 체계를 만들어내기 위해 작가는 얼마나 많이 생각하는 시간을 가질까. 아마 책을 읽는 시간보다 더 많은 시간을 생각을 벼려내는데 썼을 것이다.

나도 한 권의 책을 펴내려면 사색하는 시간을 충분히 갖는다. 글을 쓰는 시간보다 사색의 시간이 더 많다. 써야 할 주제를 선정하는 과정부터 생각하고 또 생각한다. 운전하는 중에도 글 쓸 내용을 깊이 생각하다 경로를 이탈한 적은 셀 수 없이 많다. 정해진 시간에 조용하게 산을 오르며 생각하는 시간도 갖는다. 또 책을 쓰고 있을 때는 온통 써야 될 내용과 관련된 생각에 사로잡혀 산다. 그렇게 인고의 시간동안 생각을 벼려내고 글로 풀어내야 비로소 한 권의 책이 탄생한다. 책 한 권이 만들어진 과정을 산고를 겪는 고통으로 비유하는 것은 맞는 말이다. 그만큼 사색으로 자신만의 생각을 벼려내는 과정이 힘들고 그것을 온전히 표현해 글로 완성하는 것이 힘들기 때문이다.

어디 작가뿐이랴. 이 땅의 모든 창조적인 변화는 이렇게 사색의 과정을 통해 벼려낸 생각들의 결정체다. 그러므로 책을 읽고 삶의 변화를 일으키려면 반드시 사색의 과정을 거쳐야 한다. 사색의 과정 없이는 창조적인 변화와 결과물을 만들어내기 힘들기 때문이다.

일찍이 선조들과 성인들은 사색의 중요성을 강조했다. 프랜시스 베이컨은 "반박하거나 오류를 찾아내려고 책을 읽지 말고 이야기와 담화를 찾아내려고도 읽지 말며 단지 숙고하고 고려하기 위하여 읽어라"라고 했다. 그는 또 "독서는 오로지 사색하고 연구하기 위해서 하는 것이다."라고 사색의 중요성을 후학들에게 전했다.

주희는 학문을 하는 것과 독서를 사색과 연관 지어 이렇게 말했다.

"학문을 하는 도리는 사물의 이치를 궁리窮理하고 사색思索하는 일이 가장 앞자리에 있고, 사물의 이치를 궁리하고 사색하는 일의 핵심은 독서가 맨 앞자리를 차지하고 있다."

정조는 참된 지식을 얻어 변화를 일으키기 위한 방법을 이렇게 말했다.

"궁리窮理 및 격물格物하여 깊이 파고들어라. 그럴 때라야만 참된 지식을 얻을 수 있다. 궁리 및 격물이 완벽하면 실천은 저절로 뒤따른다."

양응수는 《위약대요》의 〈독서법〉에서 이렇게 말한다.

"독서는 우선 숙독해야 한다. 그 말이 모두 내 입에서 나온 것 같이 해야 한다. 계속해서 더 정밀하게 따져 보아 그 뜻이 죄다 내 마음에서 나온 것처럼 해야 한다. 그래야만 얻었다고 할 수가 있다. 하지만 숙독해서 깊이 생각하여 깨달아 얻은 뒤에도 또 이 정도에서 의문을 멈추면 안 된다. 그래야만 진전이 있다고 할 만하다. 만약 이쯤에서 그친다고 하면 끝내 다시는 진전이 없다."[55]

동서양을 막론하고 사색 없이는 지혜와 깨달음을 얻을 수 없다는 이야기다. 끊임없이 묻고 답하고 또 의심하는 과정을 반복해야 깨달음을 얻게 된다고 강조한다.

그럼 어떻게 해야 사색으로 생각의 변화를 이끌어낼 수 있을까.

첫 번째는 숙고하는 시간을 갖는 것이다. 독해로 이해한 것과 초

---

55 정민, 《오직 독서뿐》, 김영사, 2013. 123쪽.

서로 발췌한 문장을 깊이 생각하며 작가의 의도를 파헤치는 것이다. 작가는 이 글과 문장으로 어떤 메시지를 전달하고 싶었을지 생각해야 한다. 끊임없이 작가의 의도를 분석하며 질문하고 대답해 보는 것이다. 스스로 깨달음을 얻을 때까지 말이다. 그 의미는 의사인데도 독서가로 더 유명한 박경철의 말로 이해할 수 있다.

"완독, 다독보다 중요한 것은 독서 후의 사유다. 한 권의 책을 읽으면 그 책을 읽는 데 투자한 시간 이상 책에 대해 생각하는 것이 중요하다. 독서는 지식을 체화하고 사유의 폭을 넓히는 수단이다. 성찰의 실마리를 던져주지 못한 책은 시간을 파먹는 좀벌레에 불과하다."[56]

그래서 사색(사유)하려면 고독의 시간이 필요하다. 고독은 성장할 수 있는 동력을 선물해 주기 때문이다. 다산 정약용이 유배생활을 하며 수많은 창작품을 집필할 수 있었던 것은 무엇일까? 첫째는 수많은 책을 읽은 독서량에 있다. 두 번째는 고독했기 때문이다. 혼자 있는 시간 동안 생각하고 또 생각한 것이 성장의 동력이었다. 그렇게 생각하며 벼려낸 지혜를 나라와 백성과 자식을 사랑하는 마음으로 담아낸 것이다. 그러니 당신도 고독 속으로 스스로 들어가야 한다.

---

56 박경철, 《시골의사 박경철의 자기혁명》, 리더스북, 2011. 295쪽.

혼자 책 내용을 깊이 생각할 수 있는 공간과 시간을 마련해야 한다. 깊이 숙고하는 시간 속에서 새로운 생각과 깨달음과 지혜가 발견되기 때문이다.

두 번째는 비판적인 생각을 하며 생각을 벼려내야 한다. 대부분의 독자는 작가에 대한 존경심이 있다. 산고를 통해 만들어낸 결과물임을 알기에 그렇다. 책을 쓴 사람은 전문가라고 규정하기도 한다. 그래서 책에서 하는 말은 '모두 맞다'는 생각을 하기 쉽다. 물론 맞는 말이다. 작가는 한 권의 책을 쓸 만한 깊은 통찰력과 지식이 있다. 그러나 책에서 전하는 메시지가 완벽하다고 볼 수도 없다. 세상에 완벽한 것은 없다. 그러므로 비판적인 사고를 하며 끊임없이 물으며 논리적으로 타당한지 점검해야 한다. 그렇게 작가의 논리를 검증하고 비판하는 과정에서 새로운 방법이 보이고 지혜가 생긴다.

세 번째는 토론할 수준이 될 정도로 깊이 있는 생각을 만들어내야 한다. 토론은 자신의 주장뿐만 아니라 상대방 논리까지 제대로 파악이 되어야 잘 할 수 있다. 상대방 의견까지 수용하고 반론할 수 있는 체계적인 논리가 세워져야 되는 것이다. 그래야 온전한 토론이 이루어진다. 유대인이 지혜로운 것도 토론의 영향이 크다. 그들은 부모와 자식, 스승과 제자가 질문하고 대화하고 토론하고 논쟁했다. 타당한 결론이 날 때까지 끊임없이 토론했다. 그것이 세계를 주름잡는 비결이었다는 것을 기억하고 토론할 수 있을 정도까지 자신의 논리 체계를 완성해야 한다.

이 외에도 사색의 방법은 다양하다. 자신만의 방법을 총동원해 사색하며 깨달음을 얻고 지혜를 벼려내야 한다. 그런데 사색은 말처럼 쉽지 않다. 그렇게 쉬운 것이라면 동서양을 막론하고 사색을 이토록 강조하지 않았을 것이다. 그래서 질문 독서법에서는 스스로 사색할 수 있도록 질문이 주어진다. 질문에 답을 하다 보면 자연스레 지혜가 생성되도록 유도한다. 중요한 것은 질문에 깊이 생각하며 답을 써보는 것에 있다. 다 아는 내용이라고 생각만 하고 넘어가는 것은 좋지 않다. 생각을 글로 써야 자기만의 생각이 정리된다. 글로 풀어내는 과정에서 생각이 체계화되고 조직화 된다.

또 질문 독서법에서 제공하는 질문과 다른 질문이 있다면 스스로 그 질문을 적고 답도 함께 써봐야 한다. 질문을 던지는 것도 중요하지만 답을 쓰는 것은 더 중요하다. 독서법의 대가 모티머 J. 애들러의 말대로 "책 읽는 '기술'이란 묻고 답하는데 익숙해진 능력을 갖춘 것"을 말하기 때문이다.

질문 독서 4단계 : '사색 읽기'의 핵심 질문

Q1. 저자의 생각에 동의하는 점과 동의하기 힘든 점은 무엇인가?

Q2. 이와 비슷한 주제의 다른 책에서는 어떤 이야기를 하고 있는가?

Q3. 이 책의 메시지로 토론의 주제를 선정한다면 무엇이 좋겠는가?(자신의 논리도 적어보라.)

Q4. 이 책을 비판한다면 무엇을 비판하고 싶은가? 그 이유는 무엇인가?

Q5. 내가 이 책을 쓴다면 무엇을 더 보완해서 이야기하고 싶은가?

Q6. 이 책 내용을 숙고하며 얻는 깨달음이나 지혜는 무엇인가?

Q7. 이 책을 읽고 난 후 달라진 나의 생각은 무엇인가?

07

/

질문 독서 5단계 : 적용適用 읽기

"책은 늘 살아, 자기의 씨앗을 인간의 마음속에 심으며,
다가올 새로운 시대에 끝없이 행위나 의견을 불러일으킨다."
- 프랜시스 베이컨
(Francis Bacon, 영국의 화가 · 법관 · 정치가 · 철학자)

흔히 인생살이를 여행으로 비유한다. 우리 삶이 여행자의 삶과 비슷하다는 것이다. 그런 여행자의 삶을 관조하며 인생의 성찰을 이끌어 낸 철학자가 있다. 바로 니체다. 사람들은 여행자를 다섯 등급으로 구분한다. 먼저 가장 낮은 등급의 사람들은 여행할 때 남에게 관찰'당하는' 입장의 여행자들이다. 그들은 본래 여행의 대상이며, 소위 눈먼 자들이다. 다음 등급의 여행자들은, 실제로 스스로 세상을 관찰하는 여행자들이다. 세 번째 등급의 여행자는 관찰한 결과에서 어떤 것을 체험하는 사람들이다. 네 번째 여행자는 체험한 것을 다

시 체득해서 그것을 계속 몸에 지니고 다닌다.

그리고 마지막으로 최고의 능력을 갖춘 몇몇 사람들이 있는데, 그들은 관찰한 것을 모두 체험하고 체득한 뒤, 집에 돌아와서 곧장 그것을 다시 여러 가지 행위와 일 속에서 필연적으로 발휘하며 나가는 사람들이다.

> 일반적으로 인생의 여로를 걷는 인간 모두가 여행자처럼 이 다섯 종류에 따라 나누어진다. 가장 낮은 등급의 사람들은 순전히 수동적인 인간이고, 가장 높은 등급의 사람은 내면적으로 배운 것을 남김없이 발휘해서 살아가는 행동가이다.[57]

우리 삶의 모습을 살펴보면 니체의 말에 공감이 간다. 다섯 단계로 나뉘는 삶의 모습에 따라 인생의 열매도 맺히니 말이다. 그러니 니체의 말처럼 가장 높은 등급의 사람이 되도록 해야 할 것이다. 내면으로 체계화된 깨달음을 남김없이 삶에 발휘하며 살아가야 한다. 그럴 때 삶은 변한다. 이것이 가장 이상적인 삶의 모습이다.

그런데 사람은 잘 안 변한다. 누군가의 강압으로 변할 것 같은데

---

57 프리드리히 니체, 강두식 역, 《인간적인 너무나 인간적인》, 동서문화사, 2016. 400쪽.

그때뿐이다. 강압 때문에 한순간의 변화를 일으킬 수 있는 곳은 당연 군대다. 군대를 가면 완전히 다른 사람이 된다. 그러나 제대를 하면 예전의 나로 되돌아가는 것은 시간문제라는 것을 우리는 곁에서 많이 보았다. 그들은 왜 군대 생활을 했던 것처럼 삶에서 변화를 일으키지 못할까. 스스로 변화를 일으켜야 한다는 이유를 깨닫지 못해서 그렇다. 인생의 변화는 스스로 깨달아야 가능해지기 때문이다.

그래서 질문 독서법에서 말하는 각 단계를 제대로 완성해 나가는 것이 중요하다. 각 단계에서 추구하는 미션을 완성해 나가다 보면 깨달음과 지혜가 내면화되기 때문이다. 무엇을 삶에 적용하고 변화시켜야 할지 깨달아진다. 깨달아졌다는 것은 삶에 무엇을 적용해야 하는지 알게 되었다는 뜻이다. 실천해야 하는 그 무엇을 발견했다는 뜻이기도 하다. 실천해야 하는 것을 깨달았으면 이제는 적용하고 실천해야 한다. 실천해야 삶의 변화가 일어나기 때문이다.

조선의 실학자 홍대용은 독서는 실행이 중요하다고 말한다. 니체처럼 여행을 빗대어 그 의미를 《담헌서》 '철교에게 준 편지與鐵橋書'에 이렇게 설명한다.

"독서하는 데 들이는 공로와 정력이 이와 같은데도 책 한 권을 읽고 나면 곧바로 내가 할 일은 다 끝냈다고 하면서 함부로 날뛰며 망령된 행동을 제멋대로 한다. 이것은 독서를 마친 후 그 내용을 실천해야 하는 큰일을 알지 못해 나오는 행동이다.

먼 길을 가려고 하는 사람에 비유하자면, 독서는 여행할 길의 지도와 안내를 담은 노정기이고, 실천은 말을 먹이고 수레바퀴에 기름칠을 하고 또 노정기를 살펴 여행을 실행하는 것이다. 그런데 말은 달리지도 못하게 잡아 매놓고 수레는 손질만 해놓았을 뿐 몰지 않은 채 오로지 여행할 길의 지도와 안내를 담고 있는 노정기만 읽거나 토론하고 있다. 먼 길을 가려고 하는 계획을 아무리 잘 세워도 끝내 성공할 수 없는 이유가 바로 여기에 있다."[58]

어디로 여행을 가야 할지 알았고, 어떻게 가야 할지 토론을 통해 방법을 찾았다면 이제는 길을 떠나야 한다. 언제까지 여행지도만 보고 마음속으로 상상만 할 것인가. 진정한 여행은 길을 떠나 만나고 경험하며 느끼는 것이다. 그 안에서 기쁨과 행복을 얻을 수 있다. 독서도 이와 같다. 조선 정조 때의 문장가인 홍길주는 그 의미를 밥 먹는 것에 비유한다.《수여난필睡餘瀾筆》에 이렇게 말했다.

---

58 엄윤숙 · 한정주, 《조선 지식인의 독서노트》, 포럼, 2008. 196쪽.

"밥을 먹고 난 다음, 그 효과는 얼굴빛이 빛나고 피부에 윤기가 흐르는 것으로 알 수 있다. 그러나 환한 얼굴빛과 윤기 나는 피부에 어떻게 밥알의 형상이 있다고 할 수 있겠는가? 독서하여 얻는 효과는 일을 실행에 옮길 때 비로소 드러난다. 글이나 문장 또한 이와 마찬가지다. 밥알이 변한다고 해도 도리어 술지게미와 비슷하니, 그것이 바로 대변이다. 만약 체해 곧장 내려가게 되면, 밥알의 형상은 먹은 그대로다. 만약 잘 모방한 글이나 문장을 두고 제대로 독서한 효과라고 주장한다면, 밥알이 변한 대변이나 혹은 소화도 되지 않고 곧장 내려간 밥알을 두고 잘 먹은 결과나 보람이라고 말할 수 있겠는가?"[59]

책을 읽었다면 그것이 어떤 형태로는 실행에 옮겨져 결과물로 나타나야 한다. 밥을 먹으면 그것이 소화되어 얼굴빛이 빛나고 피부에 윤기가 흐르는 것처럼 말이다. 그래서 적용이 중요하다. 적용해서 실천하지 않으면 밥을 먹고 소화하지 못하고 대변으로 내보내는 꼴밖에 안 된다.

그렇다면 어떤 방식으로 적용해서 실천하면 좋을까?

첫째, 글로 표현해보길 권한다. 특히 작가가 되기를 원한다면 읽고 쓰는 습관을 들여야 한다. 책을 읽고 나서 느낀 점을 바탕삼아 글을

---

59 엄윤숙 · 한정주, 《조선 지식인의 독서노트》, 포럼, 2008. 157~158쪽.

적어보는 것이다. 감상문이든, 서평이든, 리뷰 든 글을 적으면서 자기 생각을 체계화시키고, 생각을 어떻게 글로 표현할 수 있는지를 터득해나가는 것이다. 내가 작가가 될 수 있었던 것도 무엇이든 써보는 습관 때문이다. 한 권의 책을 읽고 나면 초서를 하고 그와 관련지어 글을 써보고 감상문도 써서 모임에서 발표했다. 그 과정에서 부끄럽고 자괴감이 들 때가 많았지만 지속적으로 무엇이든 썼다. 그런 작은 실행들이 모여져 지금의 내가 있게 되었다.

꼭 작가가 되지 않더라도 생각을 체계화시키길 원해도 한 편의 글을 써볼 것을 권한다. 생각 속에 흩어져 있는 편린들을 보석으로 만들려면 글로 표현하는 것이 좋다. 글로 표현하는 과정에서 구조화되고 체계화되기 때문이다. 생각도 명료해진다. 자신의 생각을 명료하게 전달하는 능력이 뛰어나면 의사소통 능력도 향상된다. 학습과 비즈니스의 생명은 의사소통이다. 생각 속에 있는 것들을 어떻게 전달할 것이냐의 문제다. 아무리 머릿속에 멋진 아이디어나 깨달음이 있어도 그것을 표현하는 능력이 없으면 무용지물이다. 표현할 수 없다는 것은 아는 것이 없다는 증거이다. 그래서 표현하는 능력을 키워야 한다. 좋은 책을 읽으면서 어휘와 문장 구성 과정을 배우고 글로 써보면서 표현능력을 기르면 그것이 바로 자신의 실력이 되는 것이다. 실력은 적용하고 실천하는 과정에서 생긴다.

둘째, 책을 통해 얻은 앎과 깨달음을 하나라도 실행하는 것이다. 자꾸만 슬픈 감정에 빠지기만 했다면 그것을 극복하는 방법을 책을 통해 배우고 하나라도 직접 내가 실천해 보아야 한다. 일회성에 그치는 것이 아니라 슬픈 감정에 빠지는 것이 그칠 때까지 해보는 것이다. 《자존감 수업》을 읽고 자존감이 무엇이고 어떻게 회복하는지를 읽었다면 그대로 실행하는 것이다. 자신이 괜찮은 사람이라는 생각이 들 정도로, 긍정적인 생각이 들 정도까지 지속적으로 시도해 보는 것이 중요하다. 앎은 실행으로 이어졌을 때 의미가 있다. 공자가 《논어》에서 '학이시습지學而時習之'라고 말하는 것이 바로 그 뜻이다. 늘 배우고 때로 익혀야 한다는 것은 앎이 곧 실행되게 해야 한다는 의미이다. 올바른 실행은 앎에서 비롯되므로 둘은 서로 유기적으로 작동한다. 그래서 질문 독서의 단계를 제대로 익히는 것이 중요하다. 단계에서 추구하는 가치가 유기적으로 작동해 앎과 깨달음, 실행이 유기적으로 작동하기 때문이다.

셋째, 지금 읽은 책과 연계하여 어떻게 책을 읽어갈 것인지 독서계획을 세우고 실천하면 좋다. 한 권의 책을 읽으면서 던진 질문과 답으로도 지혜와 깨달음을 충분히 얻을 수 있다. 그것을 실천하면 삶의 변화는 일어난다. 그러나 더 효과적인 것은 비슷한 장르의 책을 다양하게 읽어보는 것이다. 한 가지 분야를 다양하게 읽으면 전문가의 식견을 얻을 수 있다. 또 다른 장르의 책을 읽으면서 비판적인 능력을 기르면 융합적인 사고로 확장된다. 스티브 잡스가 인문교양과 기술IT을 접목시킨 것처럼 말이다. 한 권을 뛰어 넘어 더 많은 책을 읽어나가겠다는 욕심을 부려라. 물방울 하나로도 바위를 뚫을 수 있지만 포클레인의 힘에는 미치지 못한다. 질문 독서법으로 책을 많이 읽는 것은 포클레인으로 땅을 파는 것과 같다.

위와 같은 방법이 아니더라도 자신의 삶에 적용할만한 것은 질문을 던지며 찾아보아라. 1단계부터 4단계까지 이르는 과정에서 그것들을 발견하도록 해야 한다. 책을 읽고 독해하고 초서하고 사색하면서 무엇을 자신의 삶에 적용해 실천해야 할 것인지 두 눈을 부릅뜨고 찾아야 한다. 나에게 꼭 필요한 것을 찾고 실천해야 그 누구도 흉내 낼 수 없는 유일한 내가 된다. 인생의 변화는 그렇게 시작된다. 창조적인 삶도 다르지 않다.

질문 독서법 5단계 : '적용 읽기'의 핵심 질문

Q1. 이 책의 메시지 중에서 내 삶에 적용할 만한 것은 무엇인가?

Q2. 그것을 실천할 수 있는 방법은 무엇인가?

Q3. 책을 읽고 난 후 어떤 주제로 글을 써보고 싶은가?

Q4. 책 내용 중 내 삶 속에서 습관으로 만들기 위해 실천해보고 싶은 것은 무엇인가?

Q5. 이 책과 연동지어 책을 읽어본다면 그것은 어떤 책인가? 그 이유는 무엇인가?

Q6. 이 책을 읽고 마음에 결단이 선 것이 있다면 그것은 무엇이며 이유는?

Q7. 이 책으로 깊어진 생각과 깨달음을 어떻게 내 삶 속에서 펼쳐내고 싶은가?

제4장

실전! 어떻게 질문하고 삶을 바꿀 것인가

01

/

질문이 자동적으로 생성될 때까지 훈련하라

"독서만 하고 사고가 없는 사람은 그저 먹기만 하려는 대식가와 같다. 아무리 영양 많고 맛 좋은 음식이라도 위액을 통해 소화하지 않고서는 아무런 이로움이 없다."

- 조수아 실베스터(Josuah Sylvester, 영국의 번역가)

생 텍쥐페리Saint Exupery의 《어린 왕자》는 한국인이 사랑하는 책 중에 언제나 상위권을 차지하고 있다. 《어린 왕자》에서 전하는 아포리즘은 우리 마음에 자리하며 아름다운 감동을 선물한다. "가장 중요한 건 눈에 보이지 않아.", "길들인다는 게 무슨 의미야?", "너는 나에게 이 세상 단 하나뿐인 아이가 되는 거고, 나는 너에게 이 세상 단 하나뿐인 여우가 되는 거야." 이 문장들은 나의 마음에도 살아 숨

쉬고 있다. 바람직한 인간관계를 맺어가야 할 때면 언제나 길들임의 의미에 대해 생각하고 움직인다. 생 텍쥐페리의 문장은 행복한 삶을 선물해 주기 위해 충분했다.

그런데 나는 이 책을 읽으면서 흥미로운 사실을 발견했다. 어린 왕자가 인간 군상들을 만나서 삶의 여러 방식을 경험할 때 모두 질문을 사용했다는 것이다. 질문을 통해 다양한 삶의 방식들을 경험하고 알아갔다.

"아저씨, 거기서 뭘 하세요?"

빈 병 한 무더기와 술이 가득한 병 한 무더기를 앞에 놓고 우두커니 앉아 있는 술주정꾼을 보고 어린 왕자가 물었습니다.

"술을 마신다."

술주정꾼은 몹시 침울한 얼굴로 대답했습니다.

"술은 왜 마셔요?"

어린 왕자가 물었습니다.

"잊어버리려고 마시지."

술주정꾼이 대답했습니다.

"무얼 잊어버려요?"

어린 왕자는 벌써 그 술주정꾼이 측은하게 생각되었습니다.

"부끄러운 걸 잊어버리려고 그러지."

술주정꾼은 고개를 숙이며 대답했습니다.

"뭐가 부끄러운데요?"

어린 왕자는 그를 구원해 주고 싶다는 생각이 들어 다시 물었습니다.

"술 마시는 게 부끄럽지!"[60]

술고래는 어린 왕자의 질문에 대답하면서 어떤 생각을 했을지 상상이 간다. 어린 왕자는 그렇게 별들을 여행하며 수많은 질문을 던지면서 자신의 별에 남겨진 한 송이 장미를 생각했다.

여기서 한 가지 주목할 것이 있다. 어린 왕자가 '우리나라로 찾아와 수많은 질문을 던졌다면 이야기가 어떻게 전개됐을까'라는 점이다. 아마 책은 아름다운 작품으로 마무리되지 못했을 것이다. 우리나라에서 이렇게 질문했다면 버릇없는 사람 취급을 받았을 것이다. 학교였다면 수업에 방해된다는 핀잔을 듣거나, "그것도 이해를 못했어"라며 꾸지람을 들었을 것이다. 회사에서는 상사의 권위에 도전하는 당돌한 사람으로 낙인찍힐 수도 있다. 특히 요즘 부모들은 자녀들에게 절대로 나서지 말고 중간만 하라고 가르친단다. '모난 돌이 정 맞을 것'을 잘 알고 있기 때문이다.

---

60 앙투안 드 생텍쥐페리, 김이랑 역, 《어린왕자》, 시간과공간사, 2015. 56~57쪽

2010년 서울 G20 정상회담에서 버락 오바마Barack Obama 전 미국 대통령이 기자회견을 했다. 그리고 한국 기자들에게 질문 기회를 주었다. 개최국에 대한 배려였다. 그러나 어떤 기자도 질문하지 않았다. 그래도 오바마는 "누구 없나요? 아무도 없나요?"라며 기다렸다. 그때 누군가 번쩍 손을 들었다. 기쁨의 미소를 지은 오바마가 질문 기회를 주었다. 그런데 그 기자는 한국이 아닌 중국 기자였다. 대한민국에 질문이 사라진 것이다.

'왜?'라는 질문이 있어야 변화가 시작된다는 것을 우리는 안다. 그런데도 우리는 질문을 던지지 않는다. 아니 못한다. 질문이 습관화되지 않아서이다. 질문을 던지면 혼나고, 핀잔 듣고, 꾸지람을 듣고 자라서 질문의 뇌가 굳어버렸다. 질문을 하라고 하면 꿀 먹은 벙어리가 되어 버린다. 그러다 보니 독서를 할 때도 질문을 던지지 못한다. 질문을 던지지 않으니 깊이 있는 독서가 되지 않는다. 작가가 던져주는 메시지를 넘어서는 깨달음을 얻지 못하는 것이다. 질문을 던지며 사색하고 인생의 지혜를 벼려내야 하는데 그렇게 하지 못한다. 질문을 던지지 못하기 때문이다.

나도 처음 질문 독서법으로 교재를 만들고 책을 읽는 데 어려움을 겪었다. 질문이 습관화되지 않으니 어떻게 질문을 던져야할지 몰랐다. 책을 읽으면서 작가가 전달해주는 메시지를 있는 그대로 흡수하기에 바쁜 것도 있다. 독해에 초점이 맞춰져 있다 보니 스스로 질문을 던지지 못했다. 책 한 권 읽었다는 뿌듯함을 느끼는데 만족하다 보니 질문을 던질 생각조차 할 수 없었다. 그러나 시간이 흐르면서 점차 변하기 시작했다. 포기하지 않고 질문을 던지며 책을 읽다 보니 이전과 다른 내가 되었다.

이제는 달라져야 한다. 어떤 상황에서도 질문을 던질 수 있어야 한다. 질문을 던지지 않으면 오늘보다 더 나은 미래를 기대할 수 없기 때문이다. 혁신의 아이콘 스티브 잡스는 매일 아침 거울을 보며 질문을 던졌다. "오늘이 마지막 날이라면, 지금 하려고 하는 일을 할 것인가?" 이 질문에 며칠 연속 'NO'라는 답이 나오면 상황을 바꿔야 한다고 생각하고 변화를 추구했다. 그런 삶의 습관이 세계를 주도하는 힘이 되었다. 아인슈타인Albert Einstein은 "가장 중요한 것은 질문을 멈추지 않는 것이다. 호기심은 그 자체만으로도 존재 이유가 있다"라고 말했다.

이제 우리도 매일의 삶에 질문을 던져야 한다. 특히 독서하는 과정에서의 질문이 필요하다. 삶을 변화시키는 가장 좋은 도구는 책이기 때문이다. 책을 읽으면서 자동적으로 질문이 생성될 때까지 훈련해야 한다. 그러기 위해서는 1단계부터 5단계까지 주어진 기본적인 질문을 던지며 책을 읽을 필요가 있다. 힘들더라도 기본 질문을 꼭 던지면서 책을 읽어라. 그렇게 차근차근 단계를 밟아가면서 읽다 보면 효과적으로 책을 읽어낼 수 있다. 실질적인 생각의 변화가 생긴 것을 경험할 것이다. 그렇게 기본적인 질문을 던지고 답을 찾는 훈련을 하다 보면 자연스레 더 좋은 질문을 던질 수 있게 된다.

책의 성격에 따라 질문을 바꾸는 능력도 향상된다. 독서능력이 일취월장 향상된다. 그러면 삶도 변한다. 이것은 자연스러운 현상이다. 내가 변하려고 노력하지 않아도 저절로 변화된다. 그렇게 변화될 나의 모습을 상상하며 질문 독서법을 실천해 보라. 커밍스의 말대로 아름다운 질문을 하는 사람은 언제나 아름다운 대답을 얻는다.

다음에 써 놓은 여섯 권의 책은 내가 질문을 던지고 삶을 변화시킨 과정이다. 책의 성격에 따라 질문이 약간씩 다르다. 이것을 참고하여 질문하며 책 읽는 습관을 훈련하면 좋겠다. 자동적으로 질문이 생성될 정도로. 그러면 여러분의 인생도 자동적으로 변화될 수 있다.

내 인생에 던지는 질문

Q1. 질문을 던지는 습관을 형성하려면 어떻게 해야 할까?

Q2. 호기심을 가지려면 평소에 어떤 마음가짐으로 살아야 할까?

Q3. 열정적인 삶을 사는 데 필요한 것은 무엇일까?

02

/

다시 존재의 이유를 묻다

《꽃들에게 희망을》

트리나 폴러스Trina Paulus의 《꽃들에게 희망을》은 삶의 의미를 깨우쳐주는 책이다. 짧은 그림동화이지만 인생의 성찰이 곳곳에 묻어 있을 정도로 깊이가 있다. 술렁술렁 읽어서는 책 속에 숨어 있는 작가의 의도를 찾아내기 힘들 정도다. 1972년 출간된 후로 전 세계적으로 300만 부 이상 판매될 정도니 그 가치는 이미 인정받았다.

호랑 애벌레의 삶은 책 한 권을 펴낸 후 내 모습과 닮았다. 선한 의도로 독서스쿨을 하고 책을 썼다. 큰 기대를 하지 않고 출판사에 원고를 보냈다. 그런데 출판사에서 전화가 왔다. 한번 만나자고 했다. 당시의 나는 '정말 편하게 한번 만나서 원고에 관해 이야기를 나눠보자'라는 것으로 생각하고 출판사를 찾아갔다. 담당 편집자와 편집부장이 나왔다. 원고에 대해 몇 가지를 묻더니 계약을 하자고 했다. 그것도 최고의 대우로 책을 내주겠고 말이다. 머릿속에서 계산기가 빠르게 돌았다. 단 몇 분 사이에 베스트셀러 작가가 되어 삶을 바꾼 모습이 연상 되었다. 출판사를 나서는데 하얀 눈이 내렸다. 온 세상이 나를 축복해주는 것 같았다.

그때 내가 머릿속으로 상상한 것은 무엇이었을까? 나비가 되어 꽃들에게 희망을 주는 삶이었을까, 아니면 애벌레 기둥을 오르는 애벌레들이었을까. 나는 애벌레 기둥을 오르는 애벌레가 되어 있었다. 애초에 청소년들과 꿈이 없는 사람들에게 비전을 심어주겠다는 삶의 목표는 어느새 사라지고 없었다. 베스트셀러 작가가 돼 번 돈으로 어떻게 삶을 누리며 살아갈 것인가에만 관심이 있었다. 가고 싶은 여행지와 사고 싶은 물건들이 떠올랐다. 질문 독서 교재 만드는 것도 그만두고 싶었다. '인생의 고난은 여기서 마침표를 찍고 나는 이제 편안하게 인생을 즐겨야겠다'라는 생각으로 가득했다. 상상 속에서 멋지고 행복한 한 편의 동화를 썼다. 결론적으로 그 동화는 현실이 되지 못한 채 망상으로 영원히 기억 속에 남았다. 그때는 정말 아쉬웠다. 그러나 지금은 아니다. 오히려 첫 책이 베스트셀러가 되지 않은 것에 감사하다. 만약 첫 책이 베스트셀러가 되었다면 나는 여전히 애벌레 기둥을 오르락내리락 하면서 푸념과 기쁨의 이중적인 삶을 살고 있었을 것이다.

상황에 따라 읽은 책이 주는 감동이 다르다. 《꽃들에게 희망을》도 그랬다. 연구원 시절 질문 독서 교재를 만들어보았지만, 그때는 책이 주는 메시지에 흠뻑 젖어 들지 못했다. 상상 속에서 쓴 동화가 실패한 후 다시 만난 책은 인생 항로를 점검하는 계기가 되었다. 애벌레들의 다양한 삶의 모습을 보며 '나는 어떤 존재로 살아가야 하는가?' 질문을 던졌다. 삶을 되돌아보며 답을 찾았다. 그때 내가 찾은 답은 '나비가 되기를 간절히 원하지 않았다'였다. 여전히 애벌레 기둥을 오르는 이들을 선망하고 있었던 것이다.

나는 인생의 진정한 의미를 다시 생각했다. 무엇이 의미 있고 가치가 있는 일인지. 초심으로 돌아가려고 몸부림쳤다. 눈앞에 보인 결과물에 연연하지 않고 품고 있는 가치를 지키며 묵묵히 살아가야겠다고 다짐했다. 날개를 가진 멋진 존재로 변할 수 있다는 확신이 없어도 그 길을 걸어가야겠다고 결심했다. 날개를 활짝 펴고 하늘을 날지 못하더라도 옆을 지나다니는 애벌레들에게 나비가 될 수 있는 존재임을 알려주는 일은 할 수 있다고 생각했다. 그 일은 하나뿐인 목숨을 바칠만한 가치가 있다고 여겼다. 그래서 다시 존재 이유와 인생의 가치를 설정하고 새로운 시작을 이어갔다.

다시 책을 읽고 질문 독서교재를 만들며 글을 썼다. 애벌레 기둥이 아닌 나비가 되어 꽃들에게 희망을 주는 삶을 바라며. 그 후로 나는 인생을 바라보는 시각이 바뀌었다. 다시 태어난 것이다. 나를 통해 단 한 사람이라도 나비를 동경하고 나비가 될 수 있다면 족하다고 여겼다. 그런 자세로 강의하고 글을 쓰겠다고 다짐했다. 그리고 나는 1년의 방황을 뒤로하고 13권의 책을 쓰게 되었다. 그렇게 나는 애벌레가 아닌 나비가 되어 누군가에게 희망을 주는 삶을 살려고 힘썼다.

《꽃들에게 희망을》 트리나 폴러스 저, 김석희 역, 시공주니어

1단계 : 준비 읽기

※ 책을 잘 이해할 수 있도록 찬찬히 훑어보며 궁금한 것에 질문을 던져보라. 잘 살피고 훑어보아야 제대로 이해하고 읽어낼 수 있다.

Q1. 책 표지의 앞과 뒤, 제목으로 내용을 추측해 볼 때 어떤 내용이 전개될 것 같은가?

Q2. 서문(p4)과 p5의 "'더 나은' 삶-진정한 혁명"이라는 문구를 보며 진정한 삶의 혁명이란 무엇이라고 생각하는가?

Q3. 책 전체를 훑어보면서 작가는 이 책을 통해 어떤 메시지를 전달하려고 하는지 예측해 본다면?

2단계 : 독해 읽기

※ 책 전체를 독해할 수 있는 질문을 던져보고 답을 찾아 적어보라. 독해가 되어야 깨닫고 사색해서 삶에 적용할 수 있다.

Q1. 갓 태어난 호랑 애벌레가 늘 해 오던 먹는 일을 멈추고 문득 삶에 의문을 가지는데 그것은 무엇인가? 그 의문은 호랑 애벌레 삶에 어떤 영향을 끼쳤는가?

Q2. 호랑 애벌레가 수많은 애벌레 기둥을 발견하고 그 기둥을 올라간 이유와 다시 내려온 까닭은 무엇인가?

Q3. 애벌레마다 내부에 존재하고 있는 무엇이었는가? 그것을 발견한 애벌레와 발견하지 못한 애벌레의 차이는 무엇이라고 생각하는가?

Q4. 트리나 폴러스 작가는 무엇을 이야기하고 해결하기 위해 이 책을 썼을까?

Q5. 이 책은 전체적으로 무엇에 관한 이야기를 하고 있는가?

3단계 : 초서 읽기

※ 가장 마음에 와닿은 문장을 적어보고 그 문장 속에 담긴 메시지와 문장의 의미, 문장을 확장하며 깨달은 지혜를 적어보라.

| 초서 |

그러던 어느 날, 호랑 애벌레는 먹는 일을 멈추고 생각했습니다.
"그저 먹고 자라는 것만이 삶의 전부는 아닐 거야. 이런 삶과는 다른 무언가가 있을 게 분명해." p4

Q1. 이 문장을 통해 작가는 어떤 메시지를 전달하고 싶었을까?

Q2. 나에게 이 문장은 어떤 의미가 있는가?

Q3. 이 문장을 활용해 확장해야 할 생각이나 지혜는 무엇인가?

| 초서 |

노랑 애벌레가 생각에 잠긴 얼굴로 물었습니다.

"어떻게 하면 나비가 되죠?"

"날기를 간절히 원해야 돼. 하나의 애벌레로 사는 것을 기꺼이 포기할 만큼 간절하게." p75

Q1. 이 문장을 통해 작가는 어떤 메시지를 전달하고 싶었을까?

Q2. 나에게 이 문장은 어떤 의미가 있는가?

Q3. 이 문장을 활용해 확장해야 할 생각이나 지혜는 무엇인가?

| 초서 |

날개를 가진 멋진 존재로 변할 수 있다는 확신도 없는데, 하나뿐인 목숨을 어떻게 위험에 빠뜨릴 수 있단 말인가? p80

Q1. 이 문장을 통해 작가는 어떤 메시지를 전달하고 싶었을까?

Q2. 나에게 이 문장은 어떤 의미가 있는가?

Q3. 이 문장을 활용해 확장해야 할 생각이나 지혜는 무엇인가?

4단계 : 사색 읽기

※ 책 내용 중에서 좀 더 깊이 사색하며 지혜와 깨달음을 얻을 만한 내용에 질문을 던지고 답을 찾아보라.

Q1. 이 책에는 크게 두 가지 삶의 방식이 나온다. 그 두 가지 방식을 정리하고 자신은 어떤 삶을 추구해야 한다고 생각하는가? 그 이유와 까닭은?

Q2. 애벌레 기둥을 오르는 애벌레와 나비가 되려는 애벌레 모두 고통을 겪는다. 두 고통의 차이는 무엇인가?

Q3. 책의 마지막의 '끝…… 아니, 새로운 시작…….'이 의미하는 것은 무엇일까?

Q4. 이 책 내용을 숙고하며 얻는 깨달음이나 지혜는 무엇인가?

Q5. 이 책을 읽고 난 후 달라진 나의 생각은 무엇인가?

5단계 : 적용 읽기

※ 1단계~4단계까지 과정 중에서 벼려낸 지식과 지혜, 깨달음을 내 삶에 어떻게 적용할 것인지 살펴서 인생의 변화를 일으키도록 하라.

Q1. 호랑 애벌레처럼 삶에 의문을 가져야 한다면 나는 어떤 의문을 던져야 한다고 생각하는가?

Q2. 애벌레는 나비가 되어 '꽃들에게 희망을 주는 존재'가 되었다. 나는 어떤 존재가 되어야 한다고 생각하는가?

Q3. 내가 품고 있는 희망은 꽃들에게 희망을 주는 나비들처럼 타인에게 희망을 주는 것일까?

Q4. 이 책을 읽고 마음에 결단이 선 것이 있다면 그것은 무엇이며 이유는?

Q5. 이 책으로 깊어진 생각과 깨달음을 어떻게 삶속에서 펼쳐내고 싶은가?

03

/

상대를 대하는 태도를 배우다

《어린 왕자》

생텍쥐페리는 조종사였다. 수많은 우편물 속에 담긴 소식들을 싣고 밤하늘을 날아다녔다. 광활한 밤하늘 속에서 그는 무수한 별들을 만났다. 수많은 별들과 이야기하며 영혼의 발자취를 발견했다. 아름다운 대자연을 새로운 관점에서 바라보며 인생의 정수精髓를 풀어낸 것이다. 사막에 불시착한 경험, 어린 시절 동생을 잃은 아픔은 그의 작품 속에 고스란히 담겨 있다. 그래서인지 문장 하나하나에 힘이 있다. 그저 상상 속에서 나온 문장이 아니라, 인생 경험에서 승화된 언어들이기 때문이다.

《어린 왕자》는 270개 언어로 번역되어 전 세계 사람들의 마음에 울림을 선물했다. 이 책은 어린 시절 선물 받았던 '과자 종합선물세트' 같다. 조그마한 상자에 맛있는 과자들이 가득 담겨 있는 것처럼 짧은 동화 같은 소설 속에 인간이 살면서 배워야 하는 소중한 것들이 가득 차 있다. 다양한 삶의 메시지들이 심연深淵을 달구는 뜨거움으로 다가온다. 조용히 글귀를 되뇌기만 해도 오늘의 내 삶이 고스란히 보인다. 지금까지 나는 어떻게 살아왔고, 지금 어떻게 살고 있으며, 앞으로 어떻게 살아가야 할지를 말이다.

자신의 별을 떠나 여행길에 오른 어린 왕자는 여러 별들을 여행하며 다양한 사람들을 만난다. 자신이 최고인 줄 알며 명령 내리기를 좋아하고, 돈 계산하는 것만 좋아하고, 부끄러운 것을 다시 반복하지 않으려는 노력 대신 단기처방으로 그 순간을 넘기려는 모습 등, 어린 왕자가 만나는 인간 군상들은 우리 시대 어른들의 모습을 고스란히 보여주고 있다.

그런데 책을 읽으며 진지하게 질문을 던지다 보니 그 어른이 바로 나였다는 것을 발견했다. 소중한 것을 마음으로 보기보다 그저 눈에 보이는 것에 집착하는 내가 보인 것이다. 순간 뜨끔했다. 다시 내 삶을 점검하고 되돌아봐야겠다는 생각이 폐부 깊숙이 찔러 들었다.

무엇보다 마음을 뒤흔드는 이야기는 상대를 대하는 태도에 있었다. 어린 왕자는 자신의 별에 있는 장미와 관계 맺는 것에 서툴렀다. 장미꽃의 투정을 이해하지 못했다. 꽃을 사랑하는 방법을 몰랐던 것이다. 결국 서툰 사랑법이 자신의 별을 떠나는 계기가 되었다.

사실 나도 사람들과 관계를 맺으며 살아가는 것에 서툴다. 어렸을 때 아버지와 올바른 관계를 맺지 못해서 그런지 다양한 인간관계 속에서 살아가는 것에 힘겨워했다. 삐걱거리는 관계에서 어린 왕자처럼 피하기 일쑤였다. 그러다 보니 홀로 외로움 속에서 사는 시간이 많았다.

어린 왕자는 지구별 여행을 통해 관계를 맺으며 살아가는 지혜를 배운다. 다양한 별들을 여행하며 자신의 별에 있는 장미꽃의 소중함을 깨닫는다. 자신에게 언제나 말을 걸어준 상대였다는 것을 비로소 알게 된 것이다. 특히 여우를 통해 관계 맺는 의미를 배운다.

지구별에서 만난 여우는 어린 왕자에게 말한다.

"내게 있어서 넌 아직 몇천, 몇만 명의 어린이들과 조금도 다름없는 아이에 지나지 않아. 그리고 나는 네가 필요 없고, 또 너는 내가 아쉽지도 않아. 네게는 내가 몇천, 몇만 마리의 여우 중 하나에 지나지 않지. 그렇지만 네가 나를 길들이면 우리는 서로를 필요로 할 거야. 내게는 네가 세상에서 하나밖에 없는 아이가 될 것이고, 네게는 내가 이 세상에서 하나밖에 없는 존재가 될 거니까……."

"이제 무슨 말인지 좀 알겠어."

어린 왕자가 말했습니다.

"내게도 꽃이 하나 있는데…… 그 꽃이 나를 길들였는가 봐."[61]

어린 왕자는 여우와 대화 속에서 자신의 별에 있는 장미를 생각한다. 장미의 투정 어린 말투가 곧 서로를 길들이는 과정이었다는 것을 말이다. 길들여진다는 것은 어쩌면 눈에 보이지 않는 속마음을 알아가는 시간일 수 있다. 겉으로 보이는 것에 현혹되거나 일시적인 호감으로 판단하지 않는 것이다. 상대를 나에게 길들이는 것이 아니라, 상대를 있는 그대로 인정하고 받아들이는 것이다. 상대가 나를 귀찮게 한다고 해서 버리고 떠나는 것이 아니라 함께 해 주는 것이 곧 길들임이다.

나는 어린 왕자를 통해 상대를 대하는 태도를 배울 수 있었다. 혼자만의 공간으로 숨어들기보다 길들여지는 것의 의미를 깊이 새기며 상대를 만나고 관계를 맺어갔다. 완숙한 단계에 도달한 것은 아니었지만 나는 그렇게 한 단계씩 성숙해져 갔다. 생텍쥐페리의 아름다운 글은 내 마음속에서 보이지 않게 살아남아 오늘도 내 삶과 함께하고 있다.

우리는 모두 장미와 관계를 맺지 못해 자신의 별을 떠난 어린 왕자와 같은 미숙함으로 출발한다. 몸은 어른이지만 생각과 행동은

---

61 앙투안 드 생텍쥐페리, 김이랑 역, 《어린 왕자》, 시간과공간사, 2015. 89~90쪽

어린아이처럼 성숙하지 못한 존재이다. 그러나 중요한 것은 어린아이로 머물러 있는 것이 아니다. 어린 왕자가 뭇 존재들을 만나 배우고 성장한 것처럼 우리도 삶에서 배우고 성장해야 한다. 길들여진다는 것의 의미를 삶에 녹여낼 때, 보다 나은 관계를 맺을 수 있기 때문이다.

《어린 왕자》 앙투안 드 생텍쥐페리 저, 김이랑 역, 시간과공간사

1단계 : 준비 읽기

※ 책을 잘 이해할 수 있도록 찬찬히 훑어보며 궁금한 것에 질문을 던져보라. 잘 살피고 훑어보아야 제대로 이해하고 읽어낼 수 있다.

Q1. '어린 왕자'의 제목을 보고 떠오른 생각은 무엇인가?

Q2. p5에 '레옹 베르트에게'라는 편지가 나온다. 작가는 왜 이 편지를 책의 서두에 넣었을까?

Q3. 이 책은 어떤 마음으로 읽으면 효과적일까?

2단계 : 독해 읽기

※ 책 전체를 독해할 수 있는 질문을 던져보고 답을 찾아 적어보라. 독해가 되어야 깨닫고 사색해서 삶에 적용할 수 있다.

Q1. 어린 왕자가 자신의 별을 떠나려고 한 이유는 무엇인가?

Q2. 어린 왕자가 별들을 여행하며 만난 사람들의 특징을 정리한다면?

Q3. 여우가 말하는 '길들여진다'는 의미는 무엇인가?

Q4. 여우는 길들여지기 위해 어떻게 해야 한다고 했는가?

Q5. 어린 왕자가 별이 아름다운 이유를 어떻게 설명하고 있는가?

Q6. 어린 왕자가 지구를 떠날 즈음에 자신이 떠나온 별과 장미에 대해 어떤 생각을 품고 있었는가?

3단계 : 초서 읽기

※ 가장 마음에 와닿은 문장을 적어보고 그 문장 속에 담긴 메시지와 문장의 의미, 문장을 확장하며 깨달은 지혜를 적어보라.

| 초서 |

"아저씨는 모든 걸 혼동하고 있어요. 완전 뒤죽박죽이죠."

어린 왕자는 성이 잔뜩 나서는 샛노란 금발을 바람에 휘날리며 말을 이었습니다.

"나는 얼굴이 시뻘건 어떤 신사가 사는 별을 하나 알고 있어요. 그 신사는 꽃향기를 맡아 본 적이 없어요. 별을 본 일도 없고요. 또 누군가를 사랑해 본 일도 없죠. 그 신사는 온종일 계산만 하면서 살아요. 그리고 아저씨처럼 '나는 중요한 일을 하느라 너무 바쁘다'라는 말만 계속하죠. 하지만 그건 사람이 아니고, 버섯이에요!

p34~35

Q1. 이 글을 통해 작가는 어떤 메시지를 전달하고 싶었을까?

Q2. 나에게 이 문장은 어떤 의미가 있는가?

Q3. 이 문장을 활용해 확장해야 할 생각이나 지혜는 무엇인가?

| 초서 |

"아니 난 친구들을 찾고 있어. '길들인다'는 게 무슨 말이야?"

어린 왕자가 물었습니다.

"이젠 잊혀진 일이긴 하지만 그건 '관계를 맺는다'는 뜻이야."

여우가 말했습니다.

"관계를 맺는다고?"

"그래."

여우가 말했습니다.

"내게 넌 아직 몇천, 몇만 명의 어린이들과 조금도 다름없는 아이에 지나지 않아. 그리고 나는 네가 필요 없고, 또 너는 내가 아쉽지도 않아. 네게는 내가 몇천, 몇만 마리의 여우 중 하나에 지나지 않지. 그렇지만 네가 나를 길들이면 우리는 서로를 필요로 할 거야. 내게는 네가 세상에서 하나밖에 없는 아이가 될 것이고, 네게는 내가 이 세상에서 하나밖에 없는 존재가 될 거니까……." p89

Q1. 이 문장을 통해 작가는 어떤 메시지를 전달하고 싶었을까?

Q2. 나에게 이 문장은 어떤 의미가 있는가?

Q3. 이 문장을 활용해 확장해야 할 생각이나 지혜는 무엇인가?

| 초서 |

"잘 가렴. 내 비밀은 바로 이거야. 아주 간단하고 단순하지. 잘 보려면 마음으로 보아야 한다. 가장 중요한 것은 눈에는 보이지 않는 법이야."

"가장 중요한 것은 눈에는 보이지 않는다."

오래도록 기억하기 위해서 어린 왕자는 되뇌었습니다.

"네 장미꽃을 위해서 네가 보낸 시간 때문에 장미꽃이 그렇게 소중해진 거야."

"내가 내 꽃을 위해서 보낸 시간 때문에……."

어린 왕자는 계속 따라 말했습니다.

"사람들은 이 진리를 잊어버렸어."

여우가 말했습니다.

"하지만 넌 그것을 잊어버려선 안 된단다. 네가 길들인 것에 대해서는 영원히 네가 책임을 져야 하는 거야. 너는 네 장미꽃에 대해서 책임이 있어."

"나는 내 장미꽃에 대해서 책임이 있다……."

어린 왕자는 기억해 두려고 또 되뇌었습니다. p96~97

Q1. 이 글을 통해 작가는 어떤 메시지를 전달하고 싶었을까?

Q2. 나에게 이 문장은 어떤 의미가 있는가?

Q3. 이 문장을 활용해 확장해야 할 생각이나 지혜는 무엇인가?

| 초서 |

“아저씨, 밤이 되면 별들을 쳐다보세요. 내 별은 너무 작아서 어디 있는지 아저씨한테 지금 가르쳐 줄 수가 없어요. 그런데 그게 더 잘된 일일지도 몰라요. 아저씨에게 내 별은 여러 별 중의 하나가 될 테니까요. 그러면 아저씨는 어느 별을 보든 좋아질 거예요. 그럼 그 별은 모두 아저씨하고 친구가 되는 거고요. 그리고 아저씨한테 선물을 하나 줄게요.” (중략) “모든 사람들에게는 별이 있어요. 하지만 모두 같지는 않아요. 여행하는 사람에게는 별들이 길잡이가 되고, 어떤 사람에게는 작은 빛일 뿐이고, 학자에게는 연구 대상으로만 보일 뿐이지요. 전에 내가 말한 사업가는 별이 금으로 보일 테고요. 그렇지만 그 별들은 모두 말이 없어요. 그런데 아저씨는 그 사람들과는 다른 특별한 별을 갖게 될 거예요…….” p117

Q1. 이 글을 통해 작가는 어떤 메시지를 전달하고 싶었을까?

Q2. 나에게 이 문장은 어떤 의미가 있는가?

Q3. 이 문장을 활용해 확장해야 할 생각이나 지혜는 무엇인가?

4단계 : 사색 읽기

※ 책 내용 중에서 좀 더 깊이 사색하며 지혜와 깨달음을 얻을 만한 내용에 질문을 던지고 답을 찾아보라.

Q1. 눈으로 보는 것과 마음으로 보는 것은 어떤 차이가 있는가? 또 가장 소중하고 아름다운 것들이 눈에 보이지 않는 이유는 무엇인가?

Q2. 자신의 별에 있는 한 송이 장미와 정원에 피어 있는 수많은 장미는 어떤 차이가 있는가?

Q3. 여우가 말한 '길들여진다'는 의미로 관계와 관련된 토론을 한다면 어떤 논리를 펼칠 것인가? 그 논리의 근거는 무엇인가?

Q4. 생텍쥐페리가 이 책을 통해 전달하려고 하는 핵심 주제는 무엇인가?

Q5. 어린 왕자는 지구를 떠나 어디로 갔을까?

Q6. 이 책의 내용을 숙고하며 얻는 깨달음이나 지혜는 무엇인가?

Q7. 이 책을 읽고 난 후 달라진 나의 생각은 무엇인가?

5단계 : 적용 읽기

※ 1단계~4단계까지 과정 중에서 벼려낸 지식과 지혜, 깨달음을 내 삶에 어떻게 적용할 것인지 살펴서 인생의 변화를 일으키도록 하라.

Q1. 가장 중요한 것을 마음으로 보기 위해 나는 어떻게 해야 할까? 실천할 수 있는 방법들을 적어보라.

Q2. 어린 왕자는 여러 별들을 여행하면서 다양한 인간형들을 만난다. 이 인간형들을 통해서 작가는 무슨 이야기를 하고 싶었을까? 또 나는 어떤 인간형에 속하는가?

Q3. 내가 길들여지고 싶은 사람은 누구이며, 또 반대로 누구를 길들이고 싶은가?

Q4. 이 책의 메시지 중 삶에 적용할만한 것은 무엇인가? 또 그것을 실천할 수 있는 방법은 무엇인가?

Q5. 이 책을 읽고 마음에 결단이 선 것이 있다면 그것은 무엇이며, 그 이유는 무엇인가?

Q6. 이 책을 통해서 깊어진 생각과 깨달음을 어떻게 삶 속에서 펼쳐내고 싶은가?

04

/

배우고 익히는 즐거움을 알다

《논어》

인생 철학이나 삶의 자세를 논할 때 빼놓지 않고 등장하는 책이 있다. 바로 《논어論語》다. 《논어》는 알게 모르게 우리 삶 깊은 곳까지 침투해 영향을 끼친다. 《논어》는 춘추전국시대를 배경으로 하고 있다. 당시는 힘이 있는 사람들이 세상을 주도하고 정복했다. 탐욕에 사로잡힌 제후들은 왕을 공격하고 지략가들을 등용해 패왕이 되려고 했다. 한 치 앞도 예측할 수 없는 시대에 공자도 자신의 이상을 실현하려고 힘썼다. 하지만 누구도 공자의 말에 귀 기울이지 않았다. 14년 동안 여러 나라를 돌아다녔지만, 좌절만 맛보았다. 숱한 생명의 위협을 느끼다 공자는 자신이 태어난 노나라로 되돌아간다. 그리고 제자들을 양성하고 교육했다. 올바른 삶에 대해 가르치려고 한 것이다. 무엇보다 공자의 위대한 힘은 앎을 삶으로 실천하며 사상체계를 전수했다는 것이다. 앎을 삶에서 철저히 실천하며 모범을 보였다. 그 힘이 사후 3천 명의 제자를 남기는 힘으로 작용했다.

《논어》는 내가 글을 쓰고 배움을 이어갈 때 삶의 중심을 잡아 주었다. 배움의 목적, 삶의 의미, 가르치는 사람으로서 마음가짐 등을 정립하는데 밑거름이 되었다. 2,500여 년 전의 이야기가 여전히 살아 내 안에서 꿈틀거렸다. 한 문장도 허투루 지나칠 만한 것이 없었다. 밑줄을 긋고 암송하며 읽었다. 책을 쓰면서 수많은 대목을 인용했다. 다른 어떤 글보다《논어》의 메시지는 설득력이 있었다. 그중에서도 가장 마음 중심에 와 닿은 것은 역시《논어》의 첫 대목이다.

'배우고 때때로 그것을 익히면 또한 기쁘지 않은가?'

공자는 '때때로'의 의미를 반복이라고 말한다. 한번 배운 것을 반복해서 익혀 자신의 것으로 만들라는 뜻이리라. 배운 것을 반복적으로 익히면서 깨우치는 기쁨은 무엇과도 바꿀 수 없다. 제자들을 가르치면서 가장 의미를 부여한 대목도 배우고 익히며 성장하는 모습을 눈으로 목도하는 것임을 공자는 알고 있었다.

질문 독서법으로 교재를 만들고 책을 읽으면서 공자가 한 말에 공감이 되었다. 책 속의 문장이 내 삶에 적용되어 다시 살아난 것이다. 질문을 하면서 책을 읽고 교재를 만드는 일은 쉽지 않았다. 질문이 일상이 되지 않은 삶의 습관은 더욱 지치게 만들었다. 어떤 질문이 효과적인지 발견하기도 어려웠다. 흐름을 따라 책을 읽은 도중에 질문까지 던져야 하니 갈피를 잡을 수가 없었다. 질문을 던지다 보면 책의 흐름을 놓쳤고, 흐름을 따라 읽다 보면 무엇을 질문해야 할지 몰랐다. 핵심을 꿰뚫어 보기 힘들었다. 질문 독서는 거대한 벽 같았다. 그럼에도 나는 포기하지 않았다. 배우고 때때로 그것을 익히며 결과물을 만들어 교육생들과 함께 나누었다. 그들의 사고가 바뀌고 실력이 늘어가는 것을 보며 뿌듯했다. 덩달아 나도 성장할 수 있었다.

질문 독서 교재 만들기가 일상이 되었다. 그러다 보니 책을 읽을 때마다 질문이 자동적으로 생성이 되었다. 질문을 던지는 것으로 끝내지 않았다. 질문에 어떤 답을 써야 할지 사색하며 글로 썼다. 삶에 적용해야 할 것은 하나라도 꼭 실천했다. 꿈을 구체적으로 그려보라는 내용이 있으면 내 삶에 질문을 던지고 꿈을 구체적으로 그리고 글로 적었다. 사명선언서가 삶의 방향을 잡아준다는 내용을 보면 내 인생을 관조하며 어떻게 살아갈 것인지 글로 풀어냈다. 그렇게 한 권 한 권 책을 읽으면서 질문을 던지고 깨닫고 실행하며 삶을 변화시켜 나갔다. 그 과정이 정말 기뻤다. 변화의 결과물도 손에 쥘 수 있었다. 적어둔 마음의 소원은 거의 다 이루어졌다.

공자는 배우고 때때로 익히며 삶에 적용해야 함을 강조했다. 앎으로 끝나는 것을 경계한 것이다. 공자 스스로가 앎을 삶으로 실천하는데 모범이 되었다. 그래서인지 배운 것을 삶으로 실천한 사람을 무척 아끼고 사랑했다. 공자가 많은 제자들 중 안회를 유독 사랑하고 아낀 것도 다 이 때문이다. 그 이유를 공자는 〈위정〉 편에 이렇게 말한다.

> "내가 안회와 함께 하루 종일 이야기를 해도 그는 어리석은 사람처럼 아무런 문제제기도 하지 않는다. 그런데 뒤에 그가 생활하는 것을 보니, 또한 그 내용을 충분히 실천한다. 안회는 어리석은 것이 아니다."[62]

안회는 공자의 가르침을 완벽하게 이해했다. 그리고 삶 속에서 실천했다. 그 모습을 공자는 눈여겨보았다. 안회를 사랑하지 않을 수 없는 장면을 본 것이다. 그래서인지 41세의 젊은 나이에 안회가 죽었을 때 공자는 "하늘이 나를 버렸구나!"라며 크게 상심했다.

배우는 것은 중요하다. 그러나 더 중요한 것은 배운 것을 익히며 자신의 것으로 만드는 것이다. 그리고 깨달은 바를 삶에 적용시켜야 한다. 그래야 삶에서 변화가 일어난다. 그 모습을 보면 어찌 기뻐하지 않겠는가. 2,500년 전의 《논어》가 여전히 나에게 유용한 것은 삶을 변화를 안겨다 주었기 때문이다. 오늘도 내가 《논어》를 들추어 보는 이유는 여기에 있다.

---

62 공자, 김형찬 역, 《논어》, 홍익출판사, 2016. 38쪽.

《논어》 공자 저, 김형찬 역, 홍익출판사

1단계 : 준비 읽기

※ 책을 잘 이해할 수 있도록 찬찬히 훑어보며 궁금한 것에 질문을 던져보라. 잘 살피고 훑어보아야 제대로 이해하고 읽어낼 수 있다.

Q1. p1~p26까지를 읽고 《논어》의 탄생 배경을 이야기 본다면?

Q2. p1~p26까지를 읽고 공자의 생애를 간략하게 정리해본다면?

Q3. 책을 쓴 저자와 서문(프롤로그, 머리말)으로 알 수 있는 것은 무엇인가?

2단계 : 독해 읽기

※ 책 전체를 독해할 수 있는 질문을 던져보고 답을 찾아 적어보라. 독해가 되어야 깨닫고 사색해서 삶에 적용할 수 있다.

Q1. 공자가 말한 인仁의 의미는 무엇인가?

Q2. 인의 의미가 가장 잘 드러나는 대목을 필사한다면?

Q3. 공자가 여러 제자들 중 특별히 안회를 더 아끼고 사랑한 이유는 무엇인가?

Q4. 다음은 〈학이〉 편 1장이다.

'배우고 때때로 그것을 익히면 또한 기쁘지 않은가? 벗이 먼 곳에서 찾아오면 또한 즐겁지 아니한가? 남이 알아주지 않아도 성내지 않는다면 또한 군자답지 않은가?'

공자가 윗글로 논어를 시작한 이유는 무엇이라고 생각하는가?

Q5. 이 책을 통해 새롭게 알게 된 어휘나 개념은 무엇인가?

Q6. 저자는 무엇을 이야기하고 해결하기 위해 이 책을 썼을까?

Q7. 이 책은 전체적으로 무엇에 관한 이야기를 하고 있는가?

3단계 : 초서 읽기

※ 가장 마음에 와닿은 문장을 적어보고 그 문장 속에 담긴 메시지와 문장의 의미, 문장을 확장하며 깨달은 지혜를 적어보라.

| 초서 |

공자께서 말씀하셨다. "배우기만 하고 생각하지 않으면 막연하여 얻는 것이 없고, 생각만 하고 배우지 않으면 위태롭다." 〈위정〉 p40

Q1. 이 문장을 통해 공자는 어떤 메시지를 전달하고 싶었을까?

Q2. 나에게 이 문장은 어떤 의미가 있는가?

Q3. 이 문장을 활용해 확장해야 할 생각이나 지혜는 무엇인가?

| 초서 |

공자께서 말씀하셨다. "뜻은 크면서 정직하지도 않고, 무지하면서 성실하지도 않으며, 무능하면서 신의도 없다면, 그런 사람은 내가 알 바 아니다."

〈태백〉 p101

Q1. 이 문장을 통해 작가는 어떤 메시지를 전달하고 싶었을까?

Q2. 나에게 이 문장은 어떤 의미가 있는가?

Q3. 이 문장을 활용해 확장해야 할 생각이나 지혜는 무엇인가?

| 초서 |

통달한다는 것은 본바탕이 곧고 의로움을 좋아하며, 남의 말을 잘 헤아리고 모습을 잘 살피며, 자신을 남보다 낮추어 생각하여, 나라 안에서도 반드시 통달하고 집안에서도 반드시 통달하는 것이다. 명성이 있다는 것은 겉모습은 인(仁)을 취하면서도 행실은 인에 어긋나고, 그렇게 살면서도 의심조차 없어서, 나라 안에서도 명성이 있고 집안에서도 명성이 있는 것이다. 〈안연〉p139

Q1. 이 문장을 통해 작가는 어떤 메시지를 전달하고 싶었을까?

Q2. 나에게 이 문장은 어떤 의미가 있는가?

Q3. 이 문장을 활용해 확장해야 할 생각이나 지혜는 무엇인가?

4단계 : 사색 읽기

※ 책 내용 중에서 좀 더 깊이 사색하며 지혜와 깨달음을 얻을 만한 내용에 질문을 던지고 답을 찾아보라.

Q1. '배우기만 하고 생각하지 않으면 막연하여 얻는 것이 없고, 생각만 하고 배우지 않으면 위태롭다.'라는 말의 의미를 사색해서 얻은 결론을 적어보라?

Q2. 우리의 삶의 현장(개인, 가정, 사회)에서 일어나는 문제들을 공자라면 어떻게 해결했을 것 같은가?(그 논리를 책에서 찾아 이야기해보고 대안도 제시해보라.)

Q3. 저자의 생각에 동의하는 점과 동의하기 힘든 점은 무엇인가?

Q4. 이 책의 메시지로 토론의 주제를 선정한다면 무엇이 좋겠는가?(자신의 논리도 적어보라.)

Q5. 이 책 내용을 숙고하며 얻는 깨달음이나 지혜는 무엇인가?

Q6. 이 책을 읽고 난 후 달라진 나의 생각은 무엇인가?

5단계 : 적용 읽기

※ 1단계~4단계까지 과정 중에서 벼려낸 지식과 지혜, 깨달음을 내 삶에 어떻게 적용할 것인지 살펴서 인생의 변화를 일으키도록 하라.

Q1. 나는 지금 무엇을 배우고 때때로 익혀서 삶에 기쁨을 얻어야 할까?

Q2. 공자의 메시지 중 삶 속에서 습관으로 만들기 위해 실천해보고 싶은 것은 무엇인가?

Q3. 이 책을 읽고 마음에 결단이 선 것이 있다면 그것은 무엇이며 이유는?

Q4. 이 책으로 깊어진 생각과 깨달음을 어떻게 삶 속에서 펼쳐내고 싶은가?

05

/

시련을 극복하는 방법을 알다

《죽음의 수용소에서》

《죽음의 수용소에서》는 인간이 받을 수 있는 고통과 시련을 고스란히 체험한 것을 글로 풀어냈다. '이토록 참혹한 이야기가 있을까' 싶을 정도로 비참하다. 주검이 되어서야 나올 수 있는 죽음의 수용소에서 살아남은 이야기는 오늘을 사는 우리에게 많은 시사점을 안겨준다. 극한의 상황 속에서 파헤친 인간 심리는 삶의 관점을 바로 세우기에 매우 적합하다. 그래서인지 미국에서 영향력 있는 열권의 책 중 한 권으로 선정될 정도로 가치를 인정받았다.

죽음의 수용소는 '끝을 알 수 없는 일시적인 삶'의 공간이었다. 자신의 의도와 상관없이 죽임을 당했고, 어떤 이는 스스로 죽음을 선택했다. 죽음을 선택한 사람은 누구도 막지 않았다. 죽는 것이 더 나은 선택임을 알았기 때문이다. 그럼에도 또 다른 누군가는 삶을 선택한다. 그리고 살아남는다. 빅터 프랭클Viktor Emil Frankl은 죽음의 수용소에서 살아남은 과정을 '로고테라피Logotherapy'라는 심리학 개념으로 설명한다. 그러면서 최악의 환경 속에서도 살아남고 행복한 삶을 살 수 있는 방법을 제시한다. 그가 제시한 것은 바로 '삶의 의미'와 '삶의 목적'이다.

"'왜' 살아야 하는지 아는 사람은 그 '어떤' 상황도 견딜 수 있다."

그는 니체의 말을 빌려 삶의 의미와 목적이 바로 서 있어야 함을 강조한다. 살아야 할 이유가 있고, 이루어야 할 목적과 목표가 있는 사람은 살아남았다는 것이다. 반면에 삶에 대해 아무런 목적도 목표도 의미도 없는 사람은 곧 파멸했다고 그는 말한다. 빅터 프랭클도 수용소에 수감된 날 빼앗긴 원고를 완성하고 싶다는 강렬한 열망이 가혹한 현실을 견디게 했다고 고백한다. 왜 살아야 하는지 아는 사람은 그 어떤 상황도 견딜 수 있었다는 것이다. 그가 한 말을 보면 이해가 쉽다.

이 세상에서 자신의 존재를 대신할 수 있는 것이 아무것도 없다는 사실을 일단 깨닫게 되면, 생존에 대한 책임과 그것을 계속 지켜야 한다는 책임이 아주 중요한 의미로 부각된다. 사랑으로 자기를 기다리고 있을 아이나, 혹은 아직 완성하지 못한 일에 대해 책임감을 느끼게 된 사람은 자기 삶을 던져버리지 못할 것이다. 그는 '왜' 살아야 하는지를 알고 있고, 그래서 그 '어떤' 어려움도 견뎌낼 수 있다.[63]

생사의 갈림길에서 빅터 프랭클이 체험한 이야기를 통해서 나는 시련을 극복하는 자세를 배웠다. 나는 책이 출판되면 인생이 완전히 달라질 줄 알았다. 강연 요청은 쇄도하고 책은 불티나게 팔릴 것 같았다. 스터디셀러가 돼 수십 년을 인세와 강연 수입으로 살아갈 수 있을 거라고 상상했다. 그러나 그 꿈은 이루어지지 않았다. 자괴감이 나를 휘감았다. 내가 이 정도밖에 안 되나 싶었다. 몇 권의 책이 더 나와도 삶은 크게 달라지지 않았다. 하루하루가 힘겨웠다. 돌파구도 보이지 않았다. 그때 빅터 프랭클의 이야기를 다시 접했다. 예전에 읽었을 때는 그 의미가 마음에 와닿지 않았다. 영화의 한 장면처럼 스쳐 지나갔을 뿐이었다.

그런데 내가 시련을 겪다 보니 책 내용이 마치 나에게 던지는 메시지처럼 다가왔다. 공감이 되었다. 수용소에 갇힌 사람들의 이야기가 문자로 다가오지 않았다. 그들의 심정이 온전히 이해가 되었다. 앞으로 어떤 마음가짐을 가져야 할지 해답을 찾을 수 있었다. 더 이상 의기소침하며 살아서는 안 되겠다고 생각했다. 다시 마음을 다

---

63 빅터 프랭클, 이시형 역, 《죽음의 수용소에서》, 청아출판사, 2005. 142쪽.

잡았다. 처음 책을 읽고 글을 쓸 때 마음을 되짚어 보았다. 삶의 의미와 목적을 다시 확고히 다졌다. 나를 통해 어제보다 더 나은 오늘을, 오늘보다 더 나은 내일을 희망하는 사람들이 배출되는 것을 꿈꿨다. 수백, 수만 명을 변화시키는 것도 중요하지만 단 한 사람이라도 변화되기를 소망했다. '단 한 사람'을 바라보고 글을 쓰고 강의를 해야겠다고 생각했다. 성공이 아니라 삶의 의미와 인생의 가치를 나누는 사람이 돼야겠다고 여겼다. 니체의 말처럼 왜 살아야 하는지 그 의미를 다시 확고히 다졌다. 막연한 희망이 아니라 구체적인 목적과 목표, 인생의 참 의미를 새롭게 정립한 것이다.

상황은 여전히 달라지지 않았다. 그러나 그 상황을 바라보는 나의 태도는 달라졌다. 의기소침이 아니라 생동감이었다. 좌절이 아니라 희망이었다. 글을 쓰고 강연을 해도 단 한 사람을 생각했다. 그 한 사람이 변하면 그 주변이, 공동체, 사회, 세상이 달라질 것이라고 여기고 내가 할 수 있는 한 최대한의 열정을 쏟아부었다. 내가 품고 있는 인생의 목적과 의미에 부합한 삶을 묵묵히 살아냈다. 그러자 서서히 변화의 물결이 일어나기 시작했다.

빅터 프랭클은 1984판 서문에 그 의미를 이렇게 말해 놓았다.

> 성공을 목표로 삼지 말라. 성공을 목표로 삼고, 그것을 표적으로 하면 할수록 그것으로부터 더욱 더 멀어질 뿐이다. 성공은 행복과 마찬가

지로 찾을 수 있는 것이 아니라 찾아오는 것이다. 행복은 반드시 찾아 오게 되어 있으며, 성공도 마찬가지다. 그것에 무관심함으로써 저절로 찾아오도록 해야 한다. 나는 여러분이 양심의 소리에 귀를 기울이고, 그것이 원하는 대로 확실하게 행동할 것을 권한다. 그러면 언젠가는 - 얘기하건데 언젠가는!- 정말로 성공이 찾아온 것을 보게 될 날이 올 것이다. 왜냐하면 여러분이 성공에 대해 생각하는 것을 잊어버리고 있었기 때문이다.[64]

그는 내가 품고 있는 인생의 목적과 의미에 부합하는 삶에 충실하면 원하는 목표를 이룰 수 있다고 한다. 시련과 고통 속에 있더라도 그 속에 매몰되지 말아야 한다. 그러기 위해서는 오늘 내가 살아가야 할 이유를 발견해야 한다. 이루어야 할 목표를 설정해야 한다. 삶의 의미와 목적이 있을 때, 즉 왜 살아야 하는지 아는 사람은 그 어떤 상황도 견딜 수 있기 때문이다.

---

64 빅터 프랭클, 이시형 역, 《죽음의 수용소에서》, 청아출판사, 2005. 10쪽.

《죽음의 수용소에서》 빅터 프랭클 저, 이시형 역, 청아출판사

1단계 : 준비 읽기

※ 책을 잘 이해할 수 있도록 찬찬히 훑어보며 궁금한 것에 질문을 던져보라. 잘 살피고 훑어보아야 제대로 이해하고 읽어낼 수 있다.

Q1. p1~p21까지를 읽고 이 책에서 배울 수 있는 것은 무엇인지 생각해 본다면?

Q2. 책 표지의 앞과 뒤, 제목으로 내용을 추측해 볼 때 어떤 내용이 전개될 것 같은가?

2단계 : 독해 읽기

※ 책 전체를 독해할 수 있는 질문을 던져보고 답을 찾아 적어 보라. 독해가 되어야 깨닫고 사색해서 삶에 적용할 수 있다.

Q1. 로고테라피Logotherapy는 무엇인가?

Q2. 빅터 프랭클이 수용소에서 살아남을 수 있었던 가장 큰 이유는 무엇인가?

Q3. 저자는 무엇을 이야기하고 해결하기 위해 이 책을 썼을까?

Q4. 이 책은 전체적으로 무엇에 관한 이야기를 하고 있는가?

3단계 : 초서 읽기

※ 가장 마음에 와닿은 문장을 적어보고 그 문장 속에 담긴 메시지와 문장의 의미, 문장을 확장하며 깨달은 지혜를 적어보라.

| 초서 |

산다는 것은 곧 시련을 감내하는 것이며, 살아남기 위해서는 그 시련 속에서 어떤 의미를 찾아야 한다는 것이다. 만약 삶에 어떤 목적이 있다면 시련과 죽음에도 반드시 목적이 있을 것이다. 하지만 어느 누구도 목적이 무엇인지 말해 줄 수는 없다. 각자가 스스로 알아서 이것을 찾아야 하며, 그 해답이 요구하는 책임도 받아 들여야 한다. 그렇게 해서 만약 그것을 찾아낸다면 그 사람은 어떤 모욕적인 상황에서도 계속 성숙해나갈 수 있을 것이다. p19

Q1. 이 글을 통해 작가는 어떤 메시지를 전달하고 싶었을까?

Q2. 나에게 이 문장은 어떤 의미가 있는가?

Q3. 이 문장을 활용해 확장해야 할 생각이나 지혜는 무엇인가?

| 초서 |

니체가 말했다.

"'왜' 살아야 하는지 아는 사람은 그 '어떤' 상황도 견딜 수 있다."

이 말은 수감자들을 대상으로 심리치료와 정신위생학적 치료를 하려는 사람에게 귀감이 되는 말이다. 수감자들을 치료할 기회가 있을 때마다 그들이 처한 끔찍한 현실을 어떻게든 견딜 수 있는 힘을 주기 위해 그들에게 살아야 할 이유-목표-를 얘기해 주어야 한다. 슬프도다! 자신의 삶에 더 이상의 느낌이 없는 사람, 이루어야 할 아무런 목적도, 목표도 그리고 의미도 없는 사람이여! 그런 사람은 곧 파멸했다. p137

Q1. 이 문장을 통해 작가는 어떤 메시지를 전달하고 싶었을까?

Q2. 나에게 이 문장은 어떤 의미가 있는가?

Q3. 이 문장을 활용해 확장해야 할 생각이나 지혜는 무엇인가?

| 초서 |

정말 중요한 것은 우리가 삶으로부터 무엇을 기대하는가가 아니라 삶이 우리로부터 무엇을 기대하는가 하는 것이라는 사실을. … 그리고 그에 대한 대답은 말이나 명상이 아니라 올바른 행동과 올바른 태도에서 찾아야 했다. 인생이란 궁극적으로 이런 질문에 대한 올바른 해답을 찾고, 개개인 앞에 놓여진 과제를 수행해 나가기 위한 책임을 떠맡는 것을 의미한다. 삶의 의미는 사람마다 다르고, 때에 따라 다르다. … 삶의 의미가 무엇인가에 대한 대답은 포괄적으로 할 수 있는 것이 아니다. '삶'이란 막연한 것이 아니라 현실적이고 구체적인 것이기 때문이다. p138

Q1. 이 문장을 통해 작가는 어떤 메시지를 전달하고 싶었을까?

Q2. 나에게 이 문장은 어떤 의미가 있는가?

Q3. 이 문장을 활용해 확장해야 할 생각이나 지혜는 무엇인가?

| 초서 |

우리는 삶의 의미란 끊임없이 변하지만 절대로 없어지지 않는다는 것을 알았다. 로고테라피에 의하면 우리는 삶의 의미를 세 가지 방식으로 찾을 수 있다. 1) 무엇인가를 창조하거나 어떤 일을 함으로써 2) 어떤 일을 경험하거나 어떤 사람을 만남으로써 그리고 3) 피할 수 없는 시련에 대해 어떤 태도를 취하기로 결정함으로써 삶의 의미에 다가갈 수 있다. p184

Q1. 이 문장을 통해 작가는 어떤 메시지를 전달하고 싶었을까?

Q2. 나에게 이 문장은 어떤 의미가 있는가?

Q3. 이 문장을 활용해 확장해야 할 생각이나 지혜는 무엇인가?

4단계 : 사색 읽기

※ 책 내용 중에서 좀 더 깊이 사색하며 지혜와 깨달음을 얻을 만한 내용에 질문을 던지고 답을 찾아보라.

Q1. 빅터 프랭클이 말하는 "내 삶의 의미는 무엇입니까?"라는 질문은 왜 중요한가?

Q2. "인간에게 필요한 것은 어떻게 해서든지 긴장에서 벗어나는 것이 아니라 앞으로 자신이 성취해야 할 삶의 잠재적인 의미를 밖으로 불러내는 것이다."라는 말을 사색한 결론을 적어본다면?

Q3. 누군가 나에게 "왜 사는가?"라고 물으면 어떤 답을 할 수 있는가?

Q4. 저자의 생각에 동의하는 점과 동의하기 힘든 점은 무엇인가?

Q5. 이 책 내용을 숙고하며 얻는 깨달음이나 지혜는 무엇인가?

Q6. 이 책을 읽고 난 후 달라진 나의 생각은 무엇인가?

5단계 : 적용 읽기

※ 1단계~4단계까지 과정 중에서 벼려낸 지식과 지혜, 깨달음을 내 삶에 어떻게 적용할 것인지 살펴서 인생의 변화를 일으키도록 하라.

Q1. 삶의 의미에 다가가기 위해 내가 취해야 할 행동은 무엇인가?

Q2. 내 앞에 닥친 시련, 고난, 암울함을 극복하기 위해 무엇을 먼저 해야 할까?

Q3. 이 책의 메시지 중 삶에 적용할만한 것은 무엇인가? 또 그것을 실천할 수 있는 방법은 무엇인가?

Q4. 이 책을 읽고 마음에 결단이 선 것이 있다면 그것은 무엇이며 이유는?

Q5. 이 책으로 깊어진 생각과 깨달음을 어떻게 삶 속에서 펼쳐내고 싶은가?

06

/

인문학적 사고를 배우다

《갈매기의 꿈》

"가장 높이 나는 새가 가장 멀리 본다"라는 구절로 유명한 《갈매기의 꿈》은 세계적인 베스트셀러다. 전직 비행기 조종사인 리처드 바크Richard Bach가 해변에서 영감을 얻은 후 한달음에 쓴 우화인데 인생의 지혜가 묻어 있어 감동을 더한다. 전 세계에 4천만 부 이상이 팔렸으니 조나단 리빙스턴의 삶의 자세는 한번쯤 성찰해볼 의미가 있다.

《갈매기의 꿈》에는 두 가지 삶의 모습이 나타난다. 현실의 삶에서 당면한 과제인 먹고사는 문제와 자아실현을 위해 힘쓰는 것이다. 자기 존재의 의미와 가치의 발견에 대한 관심과 당면한 과제를 해결하며 살아가는 가치가 대립하고 있다. 이상과 현실이 첨예하게 양분된 삶의 모습을 보여준다. 어떤 인생이 옳다고 정답처럼 이야기할 수는 없을 것이다. 그러나 나는 이 책을 통해 더욱 의미 있는 삶을 살기 위해 필요한 덕목이 무엇인지 발견할 수 있었다.

대부분의 갈매기들이 먹잇감을 찾기 위해 날아다닌다. 그러나 조나단 리빙스턴은 먹는 것보다 나는 것에 더 관심을 갖는다. 뼈만 남아 앙상해져도 나는 것을 포기하지 않았다. 더 높이, 더 빠르게 날기 위해 온몸을 불사른다. 조나단이 이렇게 나는 것에 목숨을 거는 이유를 이렇게 밝힌다.

> "의미를, 삶의 더 숭고한 목표를 찾고 추구하는 갈매기보다 더 책임 있는 갈매기가 누구란 말입니까? 천 년간 우리는 물고기 머리나 쫓아다녔지만, 이제는 살아야 할 이유가 생겼습니다. 배우고, 발견하고, 자유롭게 되는 것입니다!"[65]

조나단이 높이 날아오르려고 한 것은 배우고 발견하고 자유롭게 되기 위해서였다. 높이 나는 것이 어떤 점에서 유익하다고 생각했을까? 그것이 얼마나 소중하게 느껴졌기에 무리에서 추방당하는 것까지 감수했을까?

---

65 리처드 바크, 공경희 역, 《갈매기의 꿈》, 현문미디어, 2015. 37쪽.

높이 날면 자신이 살아가고 있는 세상을 꿰뚫어 볼 수 있다. 삶의 모습을 낱낱이 바라보게 된다. 자신의 현재 위치도 가늠할 수 있다. 자신이 지금 어디로 가고 있는지, 무엇을 추구하는지, 그렇게 살아가는 인생의 목적지는 어디인지 파악이 된다. 자기 존재의 의미와 이유를 알 수 있다. 그러면 어떻게 살아가야 하는지도 발견할 수 있다. 근본적으로는 인생을 살아가는 사람들의 생각과 행동의 근원을 꿰뚫게 된다. 인문학적인 사고로 자연스럽게 무장되는 것이다. 인문학적인 사고는 자기 존재 이유를 살피고, 왜 살아야 하는지, 어떤 삶을 추구해야 하는지 살피는 것이기 때문이다. 조나단 리빙스턴이 추구하는 삶은 인문학적으로 생각하고 행동하는 것이었다.

나는 조나단을 보면서 높이 날아 멀리 볼 수 있는 안목을 길러야겠다고 생각했다. 그때부터 인문학에 더 많은 관심을 기울였다. 제목만 보고 손을 놓았던 책을 다시 집어 들었다. 질문을 던지고 답을 찾으며 읽어갔다.

물론 어려웠다. 읽어도 무슨 내용인지 모르는 책이 대부분이었다. 조나단이 비행 연습을 하며 쓰러지고 부딪치는 과정과 같은 시행착오를 겪었다. 그럼에도 끊임없이 인문학 서적을 뒤적이며 섭렵해 나갔다. 그러자 어느 순간 번쩍이는 섬광이 나에게도 비추기 시작했다. 조나단이 그 한계를 넘어서는 순간을 나도 미약하나마 느낄 수 있었다. 인간 삶의 동선이 읽혀지고 어떻게 살아가고 있는지도 가늠할 수 있게 된 것이다. 자연스레 현재 삶을 바꿀 수 있는 대안을 인문학적으로 풀어낼 수 있겠다는 자신감이 생겼다. 그렇게 해서 나는 네 권의 인문학책을 쓰게 되었다.

그러나 여기서 한 가지 점검해야 할 부분이 있다. 높이 나는 목적을 분명해 해야 한다는 것이다. 그 의미는 그리스 로마 신화에 나오는 이카로스 이야기를 참고하면 좋다. 이카로스의 아버지 다이달로스는 미노스왕의 뜻을 거역해 이카로스와 함께 미로에 갇힌다. 크레타섬에 설계된 미로는 워낙 정교하게 설계돼 탈출구를 찾기가 어려웠다. 발명가인 다이달로스는 미로를 빠져나오기 위해 밀랍으로 날개를 만들어 준다. 그러면서 이렇게 당부한다.

"너무 높게 날지도 말고 너무 낮게 날지도 말아라. 너무 낮게 날면 바닷물의 습기로 날개가 젖을 것이고 너무 높게 날면 태양열에 밀랍이 녹을 것이다."

아버지의 당부에도 이카로스는 하늘 높이 올라간다. 그러자 날개가 녹아버렸고 이카로스는 바다로 떨어져 죽고 만다.

이카로스의 이야기에서 중요한 것은 높이 날고, 멀리 보는 것이 무조건 좋은 것이 아니라는 것이다. 자신이 높이 올라야 하는 뚜렷한 목적이 없으면 어느 순간 추락하게 된다. 하염없이 높은 곳만을 바라보다 낭패를 당한다. 높이 날고 멀리 보며 삶을 변화시키려면 누군가에게 선한 영향을 끼치려는 목적이 수반되어야 한다. 조나단이 무리에서 추방당한 갈매기들에게 선한 영향을 주는 것처럼 말이다. 그런 목적을 실현하기 위해 배우고 발견하고 자유로운 삶을 추구해야 한다. 인생의 참된 목적은 살며 사랑하며 나누는 것에 있으므로.

《갈매기의 꿈》 리처드 바크 저, 공경희 역, 현문미디어

1단계 : 준비 읽기

※ 책을 잘 이해할 수 있도록 찬찬히 훑어보며 궁금한 것에 질문을 던져보라. 잘 살피고 훑어보아야 제대로 이해하고 읽어낼 수 있다.

Q1. '인생의 길을 묻는 우리에게 자유를 던져주는 책'이라는 소개 문구를 통해 이 책에서 얻을 수 있는 것은 무엇이라고 생각하는가?

Q2. 책 표지의 앞과 뒤, 제목으로 내용을 추측해 볼 때 어떤 내용이 전개될 것 같은가?

2단계 : 독해 읽기

※ 책 전체를 독해할 수 있는 질문을 던져보고 답을 찾아 적어보라. 독해가 되어야 깨닫고 사색해서 삶에 적용할 수 있다.

Q1. 조나단 리빙스턴은 왜 먹기 위해서 나는 것보다 비행을 더 중요하게 생각했는가?

Q2. 조나단 리빙스턴에게 비행은 어떤 의미였는가?

Q3. 갈매기 무리에서 끊임없이 추방자가 나온 이유는 무엇일까?

Q4. 조나단 리빙스턴이 자신을 추방한 무리 속으로 다시 돌아간 이유는 무엇 때문인가?

Q5. 저자는 무엇을 이야기하고 해결하기 위해 이 책을 썼을까?

Q6. 이 책은 전체적으로 무엇에 관한 이야기를 하고 있는가?

3단계 : 초서 읽기

※ 가장 마음에 와닿은 문장을 적어보고 그 문장 속에 담긴 메시지와 문장의 의미, 문장을 확장하며 깨달은 지혜를 적어보라.

| 초서 |

무책임이요? 형제 여러분! 의미를, 삶의 더 숭고한 목표를 찾고 추구하는 갈매기보다 더 책임 있는 갈매기가 누구란 말입니까? 천 년간 우리는 물고기 머리나 쫓아다녔지만, 이제는 살아야 할 이유가 생겼습니다. 배우고, 발견하고, 자유로울 수 있게 되었습니다! p37

Q1. 이 글을 통해 작가는 어떤 메시지를 전달하고 싶었을까?

Q2. 나에게 이 문장은 어떤 의미가 있는가?

Q3. 이 문장을 활용해 확장해야 할 생각이나 지혜는 무엇인가?

| 초서 |

대부분의 새들은 아주 더디게 나아왔지. 대부분 한 세상에서 거의 똑같은 다른 세상으로 오면서 이전 세상은 까맣게 잊었고, 우리가 어디로 향하는지 개의치 않고 순간을 위해 살고 있지. 먹거나 싸우거나 무리 안에서 힘을 발휘하는 것 이상의 무언가가 있다는 생각을 처음 떠올리기까지 몇 생이나 살아야 하는지 알아? p56

Q1. 이 문장을 통해 작가는 어떤 메시지를 전달하고 싶었을까?

Q2. 나에게 이 문장은 어떤 의미가 있는가?

Q3. 이 문장을 활용해 확장해야 할 생각이나 지혜는 무엇인가?

| 초서 |

"어떻게 저희가 당신처럼 날 것이라고 기대하십니까? 당신은 특별한 재능이 있고 성스러운데요, 다른 새들보다 위에 계시지 않습니까." "플래처를 보라! 로웰을! …… 그들 역시 특별하고 재능이 있고 성스러운가? 그대들과 나을 게 없으며, 나보다 나을 게 없다. 유일하게 다른 점은, 딱 하나의 차이는 그들은 본디 자기가 누구인지 이해하기 시작했고 그것을 수행하기 시작했다는 것뿐이다." p99

Q1. 이 문장을 통해 작가는 어떤 메시지를 전달하고 싶었을까?

Q2. 나에게 이 문장은 어떤 의미가 있는가?

Q3. 이 문장을 활용해 확장해야 할 생각이나 지혜는 무엇인가?

| 초서 |

"눈에 보이는 것을 믿지 마라. 눈이 보여주는 것은 다 한계가 있을 뿐이란다. 너의 이해력으로 보고, 이미 아는 것을 찾아내거라. 그러면 너는 나는 법을 알게 될 게다." p110

Q1. 이 문장을 통해 작가는 어떤 메시지를 전달하고 싶었을까?

Q2. 나에게 이 문장은 어떤 의미가 있는가?

Q3. 이 문장을 활용해 확장해야 할 생각이나 지혜는 무엇인가?

4단계 : 사색 읽기

※ 책 내용 중에서 좀 더 깊이 사색하며 지혜와 깨달음을 얻을 만한 내용에 질문을 던지고 답을 찾아보라.

Q1. '먹기 위하여 사는 것'과 '목표를 이루기 위하여 사는 것'은 어떤 차이가 있는가?

Q2. 평범한 삶을 뒤로하고 자기 존재의 한계에 도전하는 삶을 어떻게 평가하는가?

Q3. '배우고 발견하고 자유로워지는 삶의 필요성'이란 주제로 토론한다면 어떤 논리를 펼칠 것인가? 그 논리의 근거는 무엇인가?

Q4. 가장 높이 나는 새가 가장 멀리 본다는 것은 어떤 의미가 있는가?

Q5. 이 책 내용을 숙고하며 얻는 깨달음이나 지혜는 무엇인가?

Q6. 이 책을 읽고 난 후 달라진 나의 생각은 무엇인가?

5단계 : 적용 읽기

※ 1단계~4단계까지 과정 중에서 벼려낸 지식과 지혜, 깨달음을 내 삶에 어떻게 적용할 것인지 살펴서 인생의 변화를 일으키도록 하라.

Q1. 자신의 한계를 뛰어 넘어 도전해보고 싶은 것은 무엇인가? 그것이 왜 필요한가?

Q2. 높이 날아서 멀리 보는 덕목을 갖기 위해서는 어떤 노력을 기울여야 할까?

Q3. 이 책의 메시지 중 삶에 적용할만한 것은 무엇인가? 그것을 실천할 수 있는 방법은 또 무엇인가?

Q4. 이 책을 읽고 마음에 결단이 선 것이 있다면 그것은 무엇이며 이유는?

Q5. 이 책으로 깊어진 생각과 깨달음을 어떻게 삶 속에서 펼쳐내고 싶은가?

07

/

삶이 곧 메시지임을 깨닫다

《모리와 함께한 화요일》

죽어가는 자신의 모습을 누군가에게 고스란히 보여준다는 것은 쉽지 않은 일이다. 그런데도 자신의 모든 것을 보여주는 사람이 있었다. 모리 슈워츠Morrie Schwartz 교수가 그 주인공이다.

모리 교수는 남은 시한부 인생을 제자 미치 앨봄Mitch Albom과 함께 하기로 결정한다. 제자에게 인생의 가치와 의미, 사랑과 용서, 죽음 등의 주제에 대해 가르침을 주기 위해서다. 모리 교수를 보며 한 사람의 숭고한 삶이 얼마나 영향력이 있는지를 깨닫게 한다. 삶으로 보여준 것이 가장 큰 메시지임을 알게 한 것이다.

모리 교수는 루게릭병에 걸려 몸이 굳어갔다. 미치와 화요일마다 만나는데 그때마다 몸 상태는 악화되어 갔다. 그래도 모리 교수는 위축되지 않았다. 평생을 살면서 터득한 지혜를 제자에게 고스란히 전해주려 힘썼다. "죽음은 생명을 끝내지만, 관계까지 끝내는 건 아니다"라는 말은 미치와 함께 한 시간이 죽음 이후에도 남을 것이라는 의미였다.

모리 교수는 제자가 앞만 보고 달리는 것에 안타까워했다. 인생의 의미를 모른 채 바쁘게만 살아가는 모습이 마음이 아팠던 것 같다.

그래서 제자에게 질문을 던진다.

"마음은 평화로운가?"

"최대한 인간답게 살려고 애쓰고 있나?"

"지역 사회를 위해 뭔가를 하고 있나?"

이 질문들은 인생을 행복하고 의미 있게 살아갈 수 있게 한 질문이었다. 자신만의 문화를 창조하며 살아가라는 뜻이기도 했다.

모리 교수는 무엇보다 사랑에 대해 강조했다. 서로 사랑하지 않으면 멸망할 것이라며 말이다. 죽음을 앞둔 교수가 제자에게 주는, 사랑을 나눠주는 법과 사랑을 받아들이는 법을 배우는 것이 인생에서 가장 중요하다는 메시지는 인상 깊었다. 사랑하면 모든 문제가 해결되기 때문이다. 사랑에 굶주리면 대용품으로 물질에 더 관심을 둔다는 것이다. 인생을 바쁘게 살아가는 것도 어쩌면 사랑에 대한 굶주림일 수 있다.

모리 교수는 삶을 다하는 순간까지 진정한 스승이 되고자 했다. 젊은 시절부터 모리는 제자를 사랑하는 스승이길 원했던 것 같다. 그런 가치가 몸이 굳어가는 순간에도 제자와 함께하길 원했다.

모리 교수의 가르침과 아포리즘은 미치 앨봄뿐만 아니라 나에게도 의미 있게 다가왔다. 나도 한때는 학생들을 가르쳤기 때문이다. 지금도 그 연장선에 있다. 출간한 책의 절반 정도가 청소년 책이고, 강의도 학교와 도서관이 많은 편이다. 여전히 학생들과 만나는 기회가 잦다. 그래서 모리 교수의 삶의 자세를 내 삶에 녹여내야겠다는 생각으로 글을 쓰고 강의를 다니고 있다. 내 글이, 내 삶이 누군가에게는 메시지 그 자체이기에 그렇다.

죽음이 다가오는 순간에도 모리 교수는 그 가치를 전해주고 있다. 사랑하는 삶이 영원히 누군가의 삶에 기억이 되고 메시지를 전달할 수 있을 길이였기 때문이다.

> "우리가 서로 사랑하고, 우리가 가졌던 사랑의 감정을 기억할 수 있는 한, 우리는 진짜 우리를 기억하는 사람들의 마음속에 잊혀지지 않고 죽을 수 있네. 자네가 가꾼 모든 사랑이 거기 그 안에 그대로 있고, 모든 기억이 여전히 거기 고스란히 남아 있네. 자네는 계속 살아있을 수 있어. 자네가 여기 있는 동안 만지고 보듬었던 모든 사람들의 마음

속에."[66]

비폭력 운동으로 인도의 독립을 이끈 마하트마 간디. 그는 평생을 인도의 독립과 국민들의 삶을 개선하기 위해 바쳤다. 그의 말 한마디는 국민들에게 힘이 되었고 길잡이였다. 간디의 친구들은 간디에게 국민들에게 도움을 줄 수 있는 메시지를 글로 남기라고 조언한다. 그러면 더 많은 사람들에게 힘과 용기를 불어 넣어줄 수 있을 것이라 여겼기 때문이다. 그러나 간디는 한마디로 거절하며 이렇게 말했다.

"내 삶이 내 메시지입니다."

더 이상 글로 가르치거나 조언이 필요 없다는 의미였다. 자신이 전하려는 메시지는 삶으로 이미 나타났으니 굳이 글로 표현할 필요성을 느끼지 못한 것이리라. 삶이 곧 메시지가 되는 것처럼 영향력 있는 교육이 어디 있을까 싶다. 모리 교수도 그것을 알았기에 마지막까지 최선을 다해 제자와 함께한 것이다. 그 말이 힘이 있고 감동적인 것은 삶이 곧 그의 메시지였기 때문이다. 오늘도 내딛는 내 삶의 발자국이 누군가에게 의미를 주고 선한 영향을 끼치기를 원하는 마음을《모리와 함께한 화요일》을 통해 깨달을 수 있어 참 감사하다.

---

66 미치 엘봄·모리 슈워츠, 공경희 역,《모리와 함께한 화요일》, 살림출판사, 2017. 222쪽.

《모리와 함께한 화요일》 미치 앨봄·모리 슈워츠 저, 공경희 역, 살림출판사

1단계 : 준비 읽기

※ 책을 잘 이해할 수 있도록 찬찬히 훑어보며 궁금한 것에 질문을 던져보라. 잘 살피고 훑어보아야 제대로 이해하고 읽어낼 수 있다.

Q1. 책의 겉표지에 드러난 것과 책 앞부분의 사진들을 통해 작가는 무슨 메시지를 어필하려고 하는가?

Q2. 이 책은 내가 시간을 투자해 읽을 만한 가치가 있는가? 있다면 그 이유는 무엇인가?

2단계 : 독해 읽기

※ 책 전체를 독해할 수 있는 질문을 던져보고 답을 찾아 적어 보라. 독해가 되어야 깨닫고 사색해서 삶에 적용할 수 있다.

Q1. 루게릭병에 걸려 시한부 선고를 받은 모리가 남은 삶을 어떻게 살기로 계획했는가?

Q2. 미치가 모리 교수를 화요일마다 만나러 간 동기는 무엇이며, 그 시간이 미치와 모리에게는 어떤 의미가 되었을까?

Q3. 모리는 늙어가는 것이 두렵지 않다고 했다. 그렇게 말한 이유는 무엇인가?

Q4. 저자는 무엇을 이야기하고 해결하기 위해 이 책을 썼을까?

Q5. 이 책은 전체적으로 무엇에 관한 이야기를 하고 있는가?

3단계 : 초서 읽기

※ 가장 마음에 와닿은 문장을 적어보고 그 문장 속에 담긴 메시지와 문장의 의미, 문장을 확장하며 깨달은 지혜를 적어보라.

| 초서 |

의미 없는 생활을 하느라 바삐 뛰어다니는 사람들이 너무도 많아. 자기들이 중요하다고 생각하는 일을 하느라 분주할 때조차도 반은 자고 있는 것 같다구. 그것은 그들이 엉뚱한 것을 쫓고 있기 때문이지. 자기의 인생을 의미 있게 살려면 자기를 사랑해주는 사람들을 위해 바쳐야 하네. 자기가 속한 공동체에 헌신하고, 자신에게 생의 의미와 목적을 주는 일을 창조하는데 헌신해야 하네. p66

Q1. 이 글을 통해 작가는 어떤 메시지를 전달하고 싶었을까?

Q2. 나에게 이 문장은 어떤 의미가 있는가?

Q3. 이 문장을 활용해 확장해야 할 생각이나 지혜는 무엇인가?

| 초서 |

"미치, 알지도 못하는 사람들이 마음에 걸리느냐고 물었지? 하지만 내가 이 병을 앓으며 배운 가장 큰 것을 말해 줄까?"

"뭐죠?"

"사랑을 나눠주는 법과 사랑을 받아들이는 법을 배우는 것이 인생에서 가장 중요하다는 거야." p77

Q1. 이 문장을 통해 작가는 어떤 메시지를 전달하고 싶었을까?

Q2. 나에게 이 문장은 어떤 의미가 있는가?

Q3. 이 문장을 활용해 확장해야 할 생각이나 지혜는 무엇인가?

| 초서 |

"미치, 누구나 너무 서두른다는 것도 문제는 문제라구. 사람들은 인생에서 의미를 찾지 못해서, 맨날 그것을 찾아 뛰어 다니지. 그들은 다음에 살 차, 다음에 살 집, 다음에 들어갈 직장 생각을 해. 그리고 그런 것들 역시 공허하다는 사실을 깨닫게 되면, 또 계속 뛰는 거야. 다음 것을 찾아서." p176

Q1. 이 문장을 통해 작가는 어떤 메시지를 전달하고 싶었을까?

Q2. 나에게 이 문장은 어떤 의미가 있는가?

Q3. 이 문장을 활용해 확장해야 할 생각이나 지혜는 무엇인가?

| 초서 |

"우리가 서로 사랑하고, 우리가 가졌던 사랑의 감정을 기억할 수 있는 한, 우리는 진짜 우리를 기억하는 사람들의 마음속에 잊혀지지 않고 죽을 수 있네. 자네가 가꾼 모든 사랑이 거기 그 안에 그대로 있고, 모든 기억이 여전히 거기 고스란히 남아 있네. 자네는 계속 살아있을 수 있어. 자네가 여기 있는 동안 만지고 보듬었던 모든 사람들의 마음속에." p222

Q1. 이 글을 통해 작가는 어떤 메시지를 전달하고 싶었을까?

Q2. 나에게 이 문장은 어떤 의미가 있는가?

Q3. 이 문장을 활용해 확장해야 할 생각이나 지혜는 무엇인가?

4단계 : 사색 읽기

※ 책 내용 중에서 좀 더 깊이 사색하며 지혜와 깨달음을 얻을 만한 내용에 질문을 던지고 답을 찾아보라.

Q1. "어떻게 죽어야 할지 배우게 되면 어떻게 살아야 할지도 배울 수 있다네. 다시 말하면, 일단 죽는 법을 배우게 되면 사는 법도 배우게 되지." 모리가 미치에게 이 말을 한 까닭은 무엇일까?

Q2. "우리가 용서해야 할 사람은 타인만이 아니라네, 미치. 우린 자신도 용서해야 해." 모리가 미치에게 이 말을 한 까닭은 무엇일까?

Q3. "서로 사랑하지 않으면 멸망하리"라는 말 속에 담긴 의미는 무엇이며, 모리는 왜 이 말을 강조했을까?

Q4. 모리가 묘비에 '마지막까지 스승이었던 이!'라는 문구를 넣고 싶어 한 이유는 무엇이라고 생각하는가?

Q5. 이 책 내용을 숙고하며 얻는 깨달음이나 지혜는 무엇인가?

Q6. 이 책을 읽고 난 후 달라진 나의 생각은 무엇인가?

5단계 : 적용 읽기

※ 1단계~4단계까지 과정 중에서 벼려낸 지식과 지혜, 깨달음을 내 삶에 어떻게 적용할 것인지 살펴서 인생의 변화를 일으키도록 하라.

Q1. 나 자신을 사랑하고, 사랑을 나눠주고, 사랑을 받아들이는 법을 배우려면 어떻게 해야 할까?

Q2. 인생을 의미 있게 살려면 지금 무엇부터 시작해야 할까?

Q3. 죽음이 멀지 않다면 지금 무엇을 해야 하는가?(3가지를 중요한 순서대로 이야기해보라.)

Q4. 이 책의 메시지 중 삶에 적용할만한 것은 무엇인가? 그것을 실천할 수 있는 방법은 또 무엇인가?

Q5. 이 책을 읽고 마음에 결단이 선 것이 있다면 그것은 무엇이며 이유는?

Q6. 이 책으로 깊어진 생각과 깨달음을 어떻게 삶속에서 펼쳐내고 싶은가?

제5장

나는 질문 독서로 인생을 바꿨다

01

/

글쓰기로 나를 치유하다

"아무것도 변명하지 말라. 아무것도 지우지 말라.
있는 그대로 보고 말하라. 그러면 당신에게는
사실을 새롭게 조명해 주는 것들이 보일 것이다."
- 루트비히 비트겐슈타인
(Ludwig Wittgenstein, 오스트리아 출신의 철학자·대학교수)

1997년 제작된 영화 〈굿 윌 헌팅〉이 2016년 재개봉되었다. 20여 년이 흘렀지만, 여전히 관객들의 사랑을 받자 다시 개봉한 것이다. 영화가 주는 메시지는 자기 삶을 조명해 보기에 적격일 만큼 울림이 크다. 누구나 크고 작은 상처를 안고 살아가는 아픔을 이야기하기 때문이다.

영화의 주인공 역을 맡은 맷 데이먼은 자기 삶의 이야기로 대본을 쓰고 연기한다. 어린 시절 양부모에게 학대받은 아픔을 윌 헌팅이라는 인물로 승화해 메시지를 던진다. 내면의 아픈 상처가 삶에 끼친 영향을 가감 없이 표현하며 눈물샘을 자극한다.

윌은 어린 시절 부모에게 버려진다. 어린아이가 부모에게 버림받는 것처럼 가슴 아픈 일은 없다. 불안하고 초조해 견디기 힘들다. 그런데 윌은 부모에게 버림받는 일보다 더 끔찍한 일을 겪는다. 술 취한 양부모로부터 무자비한 폭행을 당한 것이다. 그것이 내면의 상처가 되어 자신만의 견고한 성을 짓고 만다. 사랑하는 여인의 달콤한 사랑 고백도 진심으로 받아들이지 못한다. 부모에게 버림받은 것처럼 연인에게도 언젠가 버림받을 것이라는 불안한 마음 때문이었다. 윌은 천재적인 능력을 가졌음에도 자기 능력을 마음껏 펼치지 못하고 길거리를 방황하고 폭력을 일삼으며 살아간다. 삶의 갈림길에 설 때마다 내면의 상처가 발목을 잡고 만 것이다. 이처럼 치유되지 않은 내면의 상처는 번번이 관계와 성장을 가로막는다.

나도 상처에 자유롭지 않다. 내 삶의 수면 아래를 내밀하게 살피면 꽤 많은 상처가 보인다. 아무렇지도 않은 일에 버럭 화를 내거나, 나보다 윗사람들과 관계 속에서 괜히 주눅 드는 것, 어디선가 큰 소리가 들리면 나도 모르게 가슴이 뛰고, 마음을 활짝 열지 못하고 괜히 밝은 척하며 과장하며 살았다. 사람들이 많은 곳보다는 혼자만의 공간에 있는 것이 편했다. 긍정적인 부분보다는 부정적인 모습을 먼저 보고 칭찬보다 비판에 반응이 더 빨랐다.

안타까운 것은 내면의 상처로 많은 사람이 피해를 본다는 것이다. 당사자뿐만 아니라 가족들에게까지 고스란히 피해가 전해진다. "자신도 왜 그런 행동을 하게 되었는지를 모르겠다"라는 자조적인 되뇜은 이미 주변 사람들의 마음을 아프게 만든 후다. 그래서 자신뿐만 아니라 주변 사람들의 행복한 삶을 위해서는 내면의 아픈 상처를 치유해야 한다.

수면 아래에 감춰진 나의 본 모습을 본 것은 마흔셋이 되었을 때였다. 학생들에게 미래자서전 쓰기를 지도하다 내 삶의 이야기도 한번 써보는 것이 좋겠다는 생각을 했다. 당시 두 아들에게 할아버지와 할머니의 삶, 아빠의 어린 시절의 이야기, 아빠와 엄마가 어떻게 만나 사랑하고 결혼하게 되었는지, 신앙생활을 하게 된 계기를 전하기 위해 자서전을 써야겠다고 생각했다. 할아버지와 할머니를 한 번도 본 적이 없는 아이들에게 조부모의 삶을 알려주고 싶었다. 아빠의 어린 시절을 통해 아이들이 현재를 바라보고 이해할 수 있도록 돕고 싶어 지나온 삶의 실타래를 하나씩 풀어갔다.

친지와 형제들의 증언으로 아버지와 어머니 삶을 돋보기로 들여다보았다. 미처 알지 못했던 아버지, 어머니 삶이 보이기 시작했다. 아버지가 정치에 입문하고 가정을 돌보지 않은 일로 인해 어려움을 겪은 당시 모습이 고스란히 보였다. 젊은 나이에 남편을 잃고 5남매를 홀로 키운 어머니의 한스러운 삶이 온몸으로 전달되었다. 내가 받은 상처의 결과들이 삶에 지속적으로 재현되는 이유도 보였다. 특히 막내로 어머니와 함께한 29년의 흔적들은 나를 요동치게 했다. 어머니의 고단하고 외로운 인생에 하염없는 눈물이 흘렀다. 삶의 흔적들을 조사하다 마음 아파 울고, 어머니 삶의 실타래를 글로 풀어내면서 당시 어머니 심정이 느껴져 불쌍한 눈물이 흘렀다. 글을 고치면서 아픈 기억들이 회상돼 또 울었다. 자서전을 시작하고 책으로 완성되기까지 눈물샘이 마를 날이 없었다.

우여곡절 끝에 내 삶의 민낯을 고스란히 풀어냈다. 왜곡된 삶의 이야기가 아이들에게 전달되면 아이들도 자신들의 삶을 제대로 이해하지 못할까봐 최대한 자세히 진실을 담아 이야기했다. 자서전의 제목은 《Love(Jesus, Mother, Wife, Son) Story》로 지었다. 부족한 글이지만 맞춤형 디지털인쇄로 제본해 책으로 만들었다. 그리고 아이들과 가족들에게 주었다. 가까운 지인들에게도 선물했다.

자서전을 선물할 때는 몰랐다. 진실하게 쓴 자서전이 얼마나 부끄럽고 낯간지러운 일인지를. 내 삶의 이야기가 남들에게 읽힌다고 생각하니 정말 발가벗겨진 몸을 보여주는 것 같은 생각이 들었다. 문장력도 형편없고 오타도 많아 더 부끄러웠다. 괜히 자서전을 선물했다는 자책이 들었다. 한동안 얼굴을 들고 다니지 못할 정도였다.

그러나 얼마간의 시간이 흐르자 내 삶의 많은 부분이 달라지기 시작했다. 무엇보다 내 삶이 이해되었다. 아픈 상처 때문에 취했던 행동들도 서서히 사라져갔다. 삶의 진실을 고백하고 나자 더 이상 지나온 과거에 사로잡히지 않게 되었다.

그 후로 나는 완전히 새로운 인생을 맛보기 시작했다. 성인들 자서전 쓰기를 시도했고 노인복지관에서는 자서전 쓰기 강좌를 열었다. 77세의 할아버지가 360페이지의 자서전을 쓰도록 도왔다. 어린 시절 사진부터 현재 온 가족의 사진까지 곁들어 한 사람의 역사를 정리해 책으로 만들어 드렸다. 그렇게 자서전 쓰기를 돕다가 우연찮은 기회가 생겨 책 쓰기 강좌를 시작했다. 야심차게 책을 쓰겠다고 도전한 사람은 한 번 출석으로 더 이상 얼굴을 내밀지 않았다. 책 쓰기에 대한 전반적인 강의를 준비했는데 수강생이 없어지고 말았다. 이왕 책 쓰기를 배운 것 내 책을 한번 써보자고 생각했다. 그때부터 학생들과 미래자서전을 쓴 과정을 바탕으로 원고를 집필했다. 그리고 내 자서전을 완성한 1년 후 내 인생의 첫 책을 계약했다.

나는 화려한 삶의 이력이 없다. 명문대를 나온 것도 남들에게 내보일만한 업적을 쌓은 것도 아니다. 단지 내 삶의 이야기를 가감 없이 이야기하고 내가 경험한 것들을 책으로 쓴 것뿐이다. 그럼에도 강의에 불러준다. 강의 현장에 가면 나는 가면을 쓰지 않는다. 그럴듯하게 보이려고 애쓰지 않는다. 내 삶의 지난 과거와 단면을 가감 없이 이야기하고 나눈다. 부족하지만 내가 걸어온 삶의 길이 인생의 성찰이 누군가에게 도움이 되기를 바라며 말이다. 그러다 보니 어떤 강의 현장에 가든 자유롭게 메시지를 전달한다.

내가 이토록 장황하게 자서전을 쓰게 된 과정을 늘어놓은 이유는 내면의 상처 때문이다. 한번 입은 상처는 그것이 완전히 치유되기 전까지는 없어지지 않는다. 마음에 남아 조금씩 자라며 삶의 발목을 잡는다. 자유와 기쁨도 박탈한다. 오늘을 살면서 과거에 집착하도록 우리를 지배한다. 인간관계도 파괴한다. 가장 마음이 아픈 것은 아픈 상처가 유전이 된다는 것이다. 나의 좋지 않은 모습은 고스란히 자녀들에게 전이되고 삶을 파괴한다. 아픈 상처가 치유되어야 부정적인 자아상에서 해방되고 건강한 사회 일원이 되어 행복하게 살아갈 수 있다.

내면의 상처를 치유하는 방법은 다양하다. 그중에서도 일반 사람들이 쉽게 접근할 수 있는 것이 글쓰기다. 자기 이야기 쓰기로 얼마든지 아픈 상처를 치유할 수 있다. 글쓰기로 아픈 상처를 치유하는 일을 하는 박미라 씨는《치유하는 글쓰기》에서 이렇게 말한다.

"글쓰기는 참 탁월한 도구다. 단 한 문장으로도, 서툰 글솜씨로도, 아무렇게나 끼적인 낙서로도 치유의 효과가 나타나기 때문이다. 마음 치유의 방법은 아주 다양한데, 글쓰기 안에 그 모든 게 들어 있다."

실제로 국어교육위원회에서는 우울증을 겪는 여성들에게 자기 이야기를 쓰게 하고 우울증을 치료한다. 자기 이야기 쓰기로 억압된 감정의 뿌리를 찾고 심리적인 치료를 한다.

자신도 모르게 반복적으로 넘어질 때가 있는가. 자신도 모르게 원치 않은 행동을 할 때가 있는가. 〈굿 윌 헌팅〉의 윌처럼 좋은 재능, 탁월한 능력이 있으면서도 그것을 제대로 펼치지 못하고 있는가. 그렇다면 자기 삶의 이야기를 진솔하게 적어보기를 권한다. 진실하게 쓴 자기 이야기는 내면의 상처를 치유하는 데 아주 효과적이기 때문이다.

〈굿 윌 헌팅Good Will Hunting〉의 '윌Will'은 의지, 뜻, 소망을 의미한다. '헌팅Hunting'은 찾아 나선다의 의미가 있다. 즉 자기가 하고 싶은 일을 찾아 나선다는 뜻이 포함되어 있다. 그러기 위해서는 윌처럼 내면의 아픈 상처를 치유한 후에 가능하다. 그러니 더 이상 머뭇거리지 말고 자기 이야기를 쓰라. 머뭇거리기에는 인생이 너무 짧다.

내 인생에 던지는 질문

Q1. 삶을 되돌아볼 때 자신도 모르게 부정적인 행동을 했던 것들은 무엇인가?

Q2. 그 행동을 하게 된 근원은 무엇 때문이라고 생각하는가?

Q3. 내 삶은 가족과 주변 사람들에게 어떤 영향을 끼치고 있는가?

02

/

읽고, 묻고, 쓰고, 나누며 지식의 체계를 쌓아가다

"인생을 포함해서 많은 것을 변화시키고 싶다면? 먼저 많은 것을 받아들여야 한다. 그러므로 정녕 그렇게 하고 싶다면 먼저 많은 책을 읽고, 많은 경험을 하고, 많은 사고와 견해를 받아들이고, 많은 이들과 소통을 해야 한다."

– 장 폴 사르트르(Jean Paul Sartre, 프랑스의 작가·사상가)

삶의 변화를 일으키려면 임계점臨界點을 통과해야 가능하다. 물이 정확히 100도가 돼야 끓는 이치와 같다. 물이 끓어오르려면 100이라는 임계점에 다다라야 한다. 주전자가 적당히 뜨거워졌다고 불을 끄는 날에는 절대 끓어오르지 못한다. 임계점은 '임계질량'이라는 물리학에서 나온 개념이다. 어떤 핵분열성 물질이 일정한 조건에서 스스로 연쇄반응을 일으키는데 필요한 최소한의 질량을 말한다.

임계질량의 법칙은 우리 삶에도 동일하게 적용된다. 삶의 목적을 이루려면 마음에 임계점이 만들어지고 폭발이 일어나야 한다. 폭발이 일어나지 않으면 변화는 없다. 자연이나 물질의 임계점을 아는 데는 그리 어렵지 않다. 그러나 사람의 임계점은 알기 힘들다. 눈에 보이지 않은 것도 있지만 사람마다 다른 이유 때문이다. 마음속에 품은 씨앗에 열매를 맺기 위해 30도의 온도가 필요한 사람이 있다. 또 어떤 사람은 50도, 90도가 필요한 사람도 있다. 저마다 살아온 환경이나 잠재능력에 따라 다르다. 자기 자신도 원하는 목표를 이루는 데 몇 도의 온도가 필요한지 모른다. 임계점을 알아내는 유일한 방법은 포기하지 않고 찾아내는 방법밖에 없다. 연쇄반응이 일어나 삶을 변화시킬 때까지 지속하는 것뿐이다.

처음 질문독서로 책을 읽어내기는 쉽지 않았다. 한 권을 읽는데 꽤 많은 시간 공을 들여야 했기 때문이다. 후루룩 읽어서는 효과적인 질문을 뽑아낼 수 없었다. 한 권의 책을 최소한 세 번 정도는 읽어야 했다. 처음에는 일독을 한다는 개념으로 읽고, 두 번째는 효과적인 질문을 하기 위해 읽었다. 세 번째는 던진 질문에 답을 적고 다시 점검하기 위해 읽었다. 핵심적인 질문을 던지지 못하면 다시 읽으며 질문에 날밤을 새우는 작업을 했다. 반복적으로 읽어야 했던 것은 워낙 둔재鈍才라 책 내용을 간파하지 못한 이유도 있다.

질문법으로 독서지도를 하면서 힘들었던 점은 따로 있다. 바로 나만의 질문 독서법을 만들어야 했기 때문이다. 기존에 배운 독서법도 효과적이었다. 그러나 질문 독서법을 일상생활에 적용하고 활용이 유용하게 하려면 변화가 불가피했다. 그래서 기존의 독서법을 5단계로 축약하고 체계화했다. 각 단계별 질문 형식도 바꾸어 나만의 질문 독서법을 완성했다. 새롭게 구축하고 디자인한 독서법으로 질문을 만들어 사용하려니 힘에 부쳤다. 그래도 아침부터 늦은 저녁까지 쉬지 않고 읽고 교재를 만드는 일을 반복했다.

서서히 책을 읽어내고 질문을 만들어내는 것에 힘이 붙었다. 그럼에도 마음 한구석은 텅 빈 것처럼 공허했다. 스스로 성장하고 있다는 생각이 들지 않았다. 열심히는 하지만 정작 나 자신이 성장하지 않은 것 같았다. 무엇이 문제인지 돋보기로 삶을 살폈다. 원인을 분석한 결과 초등학생 수준의 책만 읽고 있다는 결론이 났다. 독서지도를 하기 위해 책을 읽다 보니 쉬운 책만 읽고 있었던 것이다.

때마침 교회 교사들과 독서 모임에 대한 이야기가 나왔다. 그 기회를 활용하면 좋겠다는 생각이 들었다. 그때부터 교사들과 책을 읽고 감상문을 써서 나누는 모임을 하기 시작했다. 독서 감상문에 대한 두려움이 있던 터라 쉽게 결정을 내리기 어려웠다. 남 앞에서 책을 읽고 느낀 바를 나누고 쓴 글을 발표한다는 것이 쉽지 않았다. 그럼에도 결단을 내렸다. 나 자신과 교사들의 성장을 위해 말이다.

동일한 책을 구입해 읽었다. 각자 느끼고 의문스러운 것은 서로 질문했다. 감상문을 써서 발표하고 나누기도 했다. 같은 책을 읽고도 느끼는 바가 다양했다. 저마다의 가치와 속마음을 알아가는 계기가 되었다. 그렇게 한 권 한 권 읽고, 묻고, 쓰고, 나누며 생각의 폭을 넓혀갔다. 쥐구멍에라도 들어가고 싶은 부끄러움은 서서히 물러갔다. 어느 정도의 시간이 지나자 독서 모임 시간이 기다려졌다. 내가 읽고 쓴 결과물을 나누고 싶은 자신감이 생겼다. 자신감은 적극적인 사고의 전환을 이끌었다. 다양한 분야의 책을 탐독하며 생각의 깊이를 더해가게 한 것이다. 나아가 다큐멘터리와 영화 감상도 깊이 있게 보기 시작했다.

다큐멘터리와 영화도 그냥 보지 않았다. 책과 같이 질문을 던지며 보았다. 아이들과 함께할 만한 다큐멘터리나 영화는 5단계 질문지로 만들어 함께 나누었다. 그때 보고 느꼈던 다큐멘터리와 영화는 훗날《영화로 진로를 디자인하라》책을 집필하는데 좋은 자료가 되었다. 외장 하드가 가득할 정도의 다양한 다큐멘터리와 영화를 보며 사고의 확장과 지식의 체계를 쌓아갔다. 첫 책이 나오기 전까지 거의 6년을 그렇게 읽고, 묻고, 쓰고, 나누는 시간을 가졌다. 그 힘이 첫 책을 출간한 밑거름이 된 것이다. 그 후로도 나는 내면의 임계점을 돌파하기까지 읽고, 묻고, 쓰는 것을 쉬지 않았다.

많은 사람들이 독서를 통해 삶의 변화를 일으키고 싶어 한다. 지금 이 책을 읽고 있는 그대도 다르지 않을 것이다. 그럼에도 책 읽기로 삶을 변화시키는 일은 쉽지 않다. 많은 사람들이 내면의 임계점을 눈앞에 두고 포기하기 때문이다. 눈에 보이지 않은 임계점 때문에 자신이 얼마나 더 노력을 기울여야 할지 몰라 답답해한다. 임계점을 눈앞에 두고 포기한 사람도 있다. 단 1도만 올리면 되는데 그것을 모르기 때문에 포기한다.

우리에게 필요한 것은 임계점을 돌파할 때까지 읽고, 묻고, 쓰고, 나누는 것을 포기하지 않는 것이다. 어제보다 단 0.1퍼센트라도 더 노력하겠다는 생각으로 나아가면 된다. 0.1퍼센트들이 모이면 언젠가는 삶의 목표를 이루는 점에 도달할 수 있다. 한 번 폭발이 일어나기만 하면 그다음에는 연쇄 폭발이 일어나 다른 꿈들도 이룰 수 있다. 내가 첫 책 출간 후 2013년부터 2017년까지 5년 동안 13권의 책을 출간하고 전국을 다니며 강의를 할 수 있었던 것처럼 말이다.

다음 글은 문학가이자 독서의 기술을 설파한 헤르만 헤세의 것이다. 이 글을 읽으며 자기 내면의 임계점을 돌파하도록 다시 힘을 내보자.

"책을 통해 스스로를 도야하고, 정신적으로 성장해 나가고자 하는 데는 오직 하나의 원칙과 길이 있다. 그것은 읽는 글에 대한 경의, 이해하고자 하는 인내, 소용하고 경청하려는 겸손함이다. 그저 시간이나 때우려고 읽는 사람은 좋은 책을 아무리 많이 읽은들 읽고 돌아서면 곧 잊어버리니, 읽기 전이나 후나 그의 정신은 여전히 빈곤할 것이다. 하지만 친구의 이야기에 귀를 기울이듯 책을 읽는 사람에게 책들은 자신을 활짝 열어 온전히 그의 것이 될 것이다. 그리하여 그가 읽는 것은 흘러가거나 소실되지 않고, 그의 곁에 남고 그의 일부가 되어 깊은 우정만이 줄 수 있는 기쁨과 위로를 전해주리라."[67]

67 헤르만 헤세, 김지선 역, 《헤르만 헤세의 독서의 기술》, 뜨인돌, 2006. 109쪽.

내 인생에 던지는 질문

Q1. 독서를 통해 변화시키려는 목표는 무엇인가?

Q2. 그 임계점에 지금 어느 정도에 도달했다고 생각하는가?

Q3. 임계점을 돌파하기 위해 요구되는 것은 무엇인가?

03

/

90번의 출판사 퇴짜를 맞으며

"나는 알고 있다. 누구나 글을 쓸 수 있고, 누구나 작가가 될 수 있다는 것을, 그런 사실을 받아들이고, 자기를 알고, 자기를 믿으려면, 글과 씨름할 필요가 있다는 것을. 또한 나는 알고 있다. 그 씨름을 계속하려면 믿음과 용기가 필요하다는 것을."
- 로버타 진 브라이언트
(Roberta Jean Bryant, 미국의 작가)

영화 〈쿨 러닝〉은 1998년 캐나다 동계 올림픽 출전과 관련된 스포츠 영화이다. 봅슬레이를 타고 얼음으로 만들어진 코스를 썰매를 타고 빠르게 미끄러지는 과정을 담은 내용이다. 사운드트랙과 함께 영화 내용도 호의적이었다. 조금은 생소한 봅슬레이 경기를 다룬 영화가 인기를 끈 이유가 있다. 얼음 하나 없는 뜨거운 열대 나라 자메이카 청년들이 도전한 과정을 이야기했기 때문이다.

데리스는 하계 올림픽 100미터 달리기에서 메달을 따고 싶었다.

그러나 최종 예선에서 옆 선수에게 걸려 넘어져 꿈이 좌절된다. 데리스는 하계 올림픽 출전이 무산되자 동계 올림픽이라도 도전해 메달을 따고 싶어 한다. 우여곡절 끝에 친구 3명을 섭외해 봅슬레이에 도전해보지만 현실은 막막했다. 얼음 트랙은 고사하고 변변한 봅슬레이조차 없었다. 그럼에도 그들은 언덕 위에서 바퀴를 단 썰매를 타고 연습에 매진한다. 추위에 강해지기 위해 냉장고 안으로 들어가는 도전도 서슴지 않는다. 그럼에도 나라에서는 출전을 만류했다. 세계적인 웃음거리가 될 거라는 이유 때문이다. 그래도 그들은 포기하지 않는 집념으로 도전하고 노력해 비웃음을 뒤로하고 놀라운 성적을 거둔다. 낡은 봅슬레이 때문에 메달은 따지 못했지만 그들의 도전정신에 전 세계가 경의의 박수를 보냈다.

긴 지면을 할애해 영화 〈쿨 러닝〉 이야기를 서술한 것은 내가 작가가 되는 과정이 그들과 비슷하기 때문이다. 그야말로 무모한 도전이었다. 나는 문예창작이나 국문과도 아닌 공대 전자계산학과 출신이다. 글쓰기를 제대로 배워본 적도 없다. 인터넷으로도 글쓰기강좌를 보지 않았다. 어떻게 책이 만들어지는지 그 과정도 자세히 알지 못했다. 그럼에도 나는 호기롭게 작가가 되어 보겠다고 도전했다.

책이 어떻게 만들어지는지 그 과정을 알아야 했다. 가장 먼저 책쓰기와 관련된 책들을 사서 보았다. 질문법으로 익힌 독서법을 토대로 효과적으로 책을 쓰려면 어떻게 해야 하는지 살폈다. 콘셉트를 잡고 제목과 목차, 타깃 대상을 정했다. 수년 동안 학생들과 진로를 설계해 자서전 형식으로 꿈을 설계한 과정을 쓰면 좋겠다는 생각이 들었다.

가장 먼저 제목을 지었다. '미래자서전으로 꿈을 디자인하라'. 그 다음 목차를 정리하면서 자서전 쓰기로 진로를 설계한 것을 학문적으로 설득력을 덧입힐 자료를 탐색했다. 수많은 책을 읽었고, 관련된 논문들을 찾아 읽었다. 논문을 복사한 분량만 수백 페이지에 달한다. 그렇게 책을 보고 준비하며 원고를 집필했다. 글쓰기로 미래를 설계한 책을 잘 펴내 줄 만한 출판사를 검색했다. 다행히 대학교를 다닐 때 서점에서 근무한 경험이 있어 출판사 내막을 잘 알았다. 다섯 군데를 정해 원고를 투고했다. 진짜 별 기대를 하지 않고 원고를 보냈는데 출판사에서 전화가 왔다. 한번 만나고 싶다고. 나는 진짜 한번 만나 이야기를 나눠보자는 의도로 알고 출판사로 향했다. 그런데 이게 웬일인가. 담당 편집자와 편집장은 만나자마자 몇 마디를 나눈 후 바로 계약을 하자고 했다. 초보 작가인데도 최고의 대우를 해주겠다며 말이다. 나는 그렇게 첫 책을 내는 행운아가 되었다.

그야말로 얼떨결에 작가라는 칭호를 듣게 되었다. 그것을 계기 삼아 나는 전업 작가가 되겠다고 선언을 했다. 그것도 1년에 3권씩을 출간하는 작가가 되겠다고 말이다. 아프리카에서 봅슬레이로 동계 올림픽에 출전하겠다는 선언과 비슷한 어찌 보면 무모한 도전이었다. 그때부터 말에 책임을 지기 위한 글쓰기가 시작되었다. 다양한 책을 질문법으로 읽어내며 어떤 글을 써야 할지 벼려냈다. 그래서 잡은 콘셉트가 성공적인 삶을 살기 위해 필요한 마음의 씨앗이었다. 성경에 나온 성령의 열매에서 힌트를 얻어 9가지 덕목을 가지고 삶의 태도를 풀어냈다. 2010년 12월에 첫 책이 계약된 후부터 작업을 시작했다.

야심 차게 시작한 글쓰기는 순풍을 만나는 듯 순조로웠다. 예상보다 빠르게 초고를 완성했다. 서너 번의 퇴고를 거치고 출판사에 원고를 투고했다. 며칠 사이로 출판사에서 연락이 올 거라 확신했다. 아침에 일어나서 제일 먼저 한 일은 메일 체크였다. 아침, 점심, 저녁, 수시로 메일을 열고 닫기를 반복했다. 전화벨이 울리기만 하면 득달같이 번호를 확인했다. 그러나 어떤 출판사도 나에게 연락을 주지 않았다.

몇 개월 사이에 기가 꺾였다. 그래도 포기하지 않고 몇 군데 출판사를 더 선정해 원고를 보냈다. 이번에도 반응은 다르지 않았다. 다행스러운 것은 굴지의 출판사에서 긍정적으로 원고를 검토하고 있으니 조금 기다려달라는 소식이었다. '이번엔 됐다' 싶었다. 그러나 출판사에서는 책으로 펴내기에는 아쉬운 점이 있다며 반려한다고 했다. 원고를 보완하면 다른 출판사와는 성사가 될 만한 아이템이라며 칭찬을 덧붙였다. 온몸에 힘이 빠졌다. 잔뜩 기대를 품고 있었는데 한순간에 물거품이 되었다.

결단을 내려야 했다. 포기할 것인지 원고를 수정해 더 도전할 것인지. 요리조리 생각해도 다른 선택지가 없었다. 외길이었다. 그래서 원고 수정을 시작했다. 독자를 청소년에서 청년으로 바꾸고 대대적인 수정작업을 했다. 그리고 다시 출판사 문을 두드렸지만, 긍정적인 답변을 듣지 못했다. 또 원고를 수정했다. 아침부터 저녁까지 틈나는 대로 원고 작업을 이어갔다. 교회와 교육문화원 외에는 어떤 외출도 하지 않았다. 온 힘을 쏟아부으며 글을 썼다. 갑자기 어깨가 뭉치고 뒷골이 당겼다. 어지럼증으로 한동안 원고를 볼 수 없었다. 한의원에 가서 침을 맞고 어지럼증은 신경정신과 약을 먹자 좋아졌다. 그렇게 나는 종착역이 어딘지로 모른 채 끝없이 이어진 선로 위를 걸어가고 있었다. 2010년 12월부터 2012년 7월까지.

1년 8개월 동안 이번이 마지막이라는 마음으로 출판사에 원고를 보냈다. 그동안 출판사에서 퇴짜맞은 횟수를 세어보니 자그마치 90번이었다. 90번 퇴짜를 맞는 동안 숱하게 원고를 고치고 병원을 들락거렸다. 그런 수고와 인내가 마침내 결실을 맺었다. 91번째에 보낸 출판사에서 계약을 하자고 했다. 계약하자는 전화를 받고 만감이 교차했다. 나도 모르게 고개가 하늘을 향했다. 그렇게 나는 한동안 하늘을 바라보고 있었다.

90번 퇴짜를 맞으며 나는 많은 것을 배웠다. 독자에게 친밀하게 다가가는 원고 집필 방법, 타깃 독자를 보다 세밀하게 선정해야 되는 중요성, 출판사 편집자의 선택을 받는 방법 등. 한 글자 한 글자를 모아 한 권의 책이 만들어지는 모든 과정을 온몸으로 체득한 시간이었다. 숱한 좌절감 속에서 계약된 한 권의 소중함을 느꼈다. 그 후 나는 3년 동안 1년에 3권을 출간했다. 이제는 다작이 아니라 세월이 흘러도 독자의 사랑을 받는 책을 집필하겠다는 일념으로 오늘을 산다. 이 모든 것은 90번의 출판사 퇴짜를 맞았기에 가능한 일이었다. 실패가 경험이 되고 지혜가 되어 적지 않은 책을 출간하는 작가로 거듭난 것이다.

때로는 무모한 도전이 필요할 때가 있다. 세상의 모든 진보가 누군가의 도전에 의해 형성된 것처럼 우리 삶의 목표도 두려움을 떨치고 도전했을 때 성취되기 때문이다. 영화에서 자메이카 봅슬레이 팀은 "쿨 러닝!"을 외치며 썰매에 몸을 던졌다. 쿨 러닝은 '무사히 경기를 마치기를'이라는 뜻이다. 아직 서툴지만 용기를 가지고 나아가겠다는 의지의 표현이다. 독서로 삶의 변화를 추구하는 그대에게도 '쿨 러닝' 정신이 필요하다. 도전해야 원하는 목적을 이룰 수 있으므로.

내 인생에 던지는 질문

Q1. 지금 내 인생을 위해 도전해보고 싶거나 도전해야 할 목표는 무엇인가?

Q2. 그 목표는 주변에 선포했을 때 어떤 반응이 나올 것 같은가?

Q3. 그럼에도 반드시 도전해야 할 이유는 무엇인가?

04

/

사람도 세상도 사랑으로 변화시킬 수 있다

"그대의 생활은 그대 자신이 거기에 의미를 부여하려고 노력하는,
그 노력에 따라서 꼭 그만큼의 의미를 갖는다."
- 헤르만 헤세(Herman Hesse, 독일의 소설가)

미국 보스턴의 정신질환자 병원 지하병실에 한 처녀가 격리되었다. 병세가 심해 회복 불가능하다는 진단을 받았다. 그녀는 사납게 행동하며 주변 사람들을 공격했다. 치료하는 의료진조차 그녀 곁에 다가서려 하지 않았다. 가족도 의사도 포기한 상태였다. 그때 정년퇴직한 간호사가 우연히 그 처녀를 보게 되었다. 어린 처녀가 병으로 괴로워하는 것을 보고 안쓰러운 마음에 간호사는 매일 찾아가 보살펴 주었다. 처녀가 좋아할 만한 선물을 해주고 다정하게 말을 걸었다. 하지만 처녀는 어떤 반응도 하지 않았다. 그럼에도 간호사는

포기하지 않고 지하병실을 찾아갔다. 그렇게 6개월이 지나자 처녀가 변하기 시작했다. 의사도 포기한 병세가 점점 좋아졌고 결국 완치되어 퇴원했다.

처녀는 퇴원 후 자신과 비슷한 처지에 있는 사람을 돕고 싶다는 마음을 품는다. 그러다 신문에서 가정교사를 구한다는 구인광고를 본다. 구인광고에는 아이의 상태가 함께 적혀 있었다. 돌보아야 할 아이가 듣지도, 보지도, 말하지도 못한다는 것이었다. 그럼에도 처녀는 그 아이를 돌보겠다고 자원한다. 그리고 그 아이를 사랑의 마음으로 가르친다. 아이는 듣지도, 보지도, 말하지도 못했지만, 그 처녀의 도움으로 훗날 작가, 교육자, 사회사업가가 된다. 그 아이가 바로 헬런 켈러Helen Adams Keller이다. 정신질환으로 고통을 받았던 처녀는 앤 설리번Anne Sullivan이었다. 두 사람은 모두 한 사람의 사랑 어린 보살핌으로 새로운 인생을 살게 된다.

내가 처음 작가가 되려고 마음먹었던 진짜 이유는 작가의 인세가 상속이 가능하다는 글귀를 읽고 난 후다. 조정래나 김훈 작가처럼 좋은 작품을 써서 인세를 많이 받는 작가가 되고 싶었다. 그 책이 세월이 흘러도 여전히 살아남아 아이들에게 상속이 되었으면 좋겠다고 생각했다. 내가 어렸을 때부터 부유한 삶을 살지 않아서 그런지 유독 상속이라는 단어에 마음이 끌렸다. 아이들에게만은 가난을 대물림해주고 싶지 않았다. 그런 간절함이 지난한 글쓰기 작업을 인내하게 했다.

상속이라는 두 글자를 마음에 담아놓고 책을 읽을 때 나는 충격적인 글을 만난다. 바람직한 가치를 품고 오늘을 사는 사람과 가난을 대물림해주고 싶지 않은 두 사람의 삶을 조명한 글이다. 영국을 떠나 미국에 정착하기 시작한 두 사람은 보다 의미 있는 인생을 살기 위한 다짐을 한다.

조너선 에드워즈Jonathan Edwards는 '가치 있는 삶을 살기 위한 결의'를 하고 새로운 인생을 시작한다.

첫째, 사는 동안 최선을 다한다.

둘째, 할 수 있는 한 가장 유익한 방법으로 살고 이 방법이 아니면 한순간이라도 낭비하지 않는다.

셋째, 경멸하는 것이나 비천하게 생각되는 것은 절대로 하지 않는다.

넷째, 복수심 때문에 어떤 일을 하지 않는다.

다섯째, 생명이 끝나더라도 해서는 안 될 일은 하지 않는다. 등

반면 마르크 슐츠Marc Schulze는 돈을 많이 벌어 자손들에게 가난을 물려주지 않겠다는 생각으로 산다. 처음에는 술집을 하며 돈을 벌었다. 세월이 흐르자 그는 뉴욕의 주먹계 대부가 되어 뒷골목을 주름잡았다.

미국의 한 대학에서는 두 사람의 후손들이 어떻게 살고 있는지 조사했다. 150년 동안의 후손들을 일일이 찾아갔다. 새로운 삶을 시작하면서 품은 인생의 가치가 후손들에게 어떤 영향을 끼쳤는지 알아보기 위해서였다. 조너선 에드워즈의 후손들 중 성직자가 116명, 교수와 교사가 86명, 부통령 1명, 국회의원 4명, 실업가 73명, 과학자 21명, 문예가 75명, 교회지도자가 286명이었다. 조사에 포함되지 않은 사람도 있지만 대부분 선한 영향을 끼치는 일을 했다. 반변 마르크 슐츠의 자손들 중 5년 이상 감방생활을 한 사람이 96명, 정신질환자 58명, 창녀 65명, 극빈 구호 대상자가 286명, 부랑아가 460명이었다. 한 사람으로부터 출발된 후손들의 삶은 극명하게 달랐다.

나는 윗글을 읽고 삶에 새로운 가치를 덧입혔다. 유산 상속이라는 단어를 마음속에서 지웠다. 대신 내가 쓴 글을 읽는 사람과 강의를 들은 사람들의 삶이 좋은 쪽으로 변화되기를 바랐다. 누군가의 삶이 변화되기를 갈망하며 사랑의 마음을 담아 글을 써야겠다고 다짐한 것이다. 많은 사람을 변화시키는 것도 좋지만 단 한 사람이라도 삶을 변화시킬 수 있다면 좋겠다고 생각했다. 단 한 사람이 변화되면 그 사람 주변과 사회는 반드시 좋은 쪽으로 변화된다. 퇴직 간호사가 앤 설리번을 사랑의 마음으로 돕고, 앤 설리번은 또 헬렌 켈러를 도운 것처럼 말이다. 사랑은 이렇게 전염성이 강하다. 사람은 촌철살인의 조언과 따끔한 꾸지람으로 변화되지 않는다. 이런 변화는 단기처방에 불과하다. 사람을 변화시키는 유일한 길은 사랑밖에 없다. 사랑만이 사람과 세상을 변화시킬 수 있다.

나는 비교적 도서관과 학교 강의가 많은 편이다. 특히 중, 고등학교 학생들과 자주 만난다. 강의 중 제일 힘들다는 중학생들과 대면할 시간이 많다. 아직 철이 덜 들어서인지 중학생들은 제멋대로다. 강사에 대한 예의와 배려는 거의 없는 편이다. 정제되지 않은 말을 멋대로 던지고, 잡담하고 싶으면 옆 친구와 말을 건네기 바쁘다. 처음 강의를 갔을 때는 자존심이 상했다. 강의가 형편없어 집중하지 않는 것인지 스스로 되돌아보았다. 하지만 점차 그들을 이해하려 힘썼다. 왜 그런 행동을 하는지, 내면의 아픔 때문인지, 아니면 자기 존재감을 나타내기 그러는지 살폈다. 그러면서 그 아이들 중에 단 한 사람만이라도 강의 내용에 집중하기를 바랐다. 한 사람이라도 자신을 돌아보고 자기 삶의 길을 멋지게 걸어가길 원하는 마음으로 다가갔다. 그 한 사람이 또 다른 한 사람을 돌보고 살리는 역할을 감당할 것이기 때문이다.

다른 누군가를 사랑하는 일이 힘들지만, 사랑하려고 힘쓴다. 이런 마음이 변하지 않기를 바라며 나는 오늘도 글에 강의에 사랑을 담아내려 노력한다.

한 심리학자가 어린 시절의 불행이 인생에 어떤 영향을 끼치는지 연구를 했다. 연구 대상자는 어렵고 열악한 환경에서 자란 아이들 210명이었다. 장기간 연구를 하며 얻은 결과는 예상대로 힘겨운 삶을 이어가고 있었다. 학습장애와 사회 부적응으로 어려운 삶을 살았다.

그런데 놀라운 것은 그중 72명만은 멋진 인생을 살아가고 있었다. 넉넉한 환경에서 사랑과 배려를 받은 아이들보다 훨씬 건강하고 아름다운 삶을 살았다.

심리학자는 그 원인을 조사하기 위해 72명의 아이들을 심층 인터뷰했다. 아이들이 행복한 삶을 살아갈 수 있었던 이유는 자신의 입장을 이해해주고 받아주었던 사람이 인생에 걸쳐서 최소한 한 명은 있었다는 것이다. 이찬수 목사의 《붙들어주심》에 실려 있는 내용인데 시사하는 바가 크다. 어린 시절의 불우한 삶도 자신을 이해하고 사랑해주는 단 한 사람을 만나면 그것을 극복하는 힘을 얻게 되기 때문이다.

독서로 삶을 변화시키고 싶다면 그 안에 사랑을 담기 바란다. 사랑의 마음은 나를 살리고 이웃을 살리는 핵심요소다. 사랑만이 사람과 세상을 변화시킬 수 있다. 사랑보다 강한 것은 세상에 없다.

내 인생에 던지는 질문

Q1. 나의 어린 시절의 삶이 지금 내 삶에 어떤 영향을 주었다고 생각하는가?

Q2. 내가 받은 사랑 중 가장 기억에 남는 것은?

Q3. 내가 타인에게 준 사랑 중 가장 기억에 남는 것은?

참고도서

제1장. 인생의 변화는 의문문에서 시작된다

- 루이스 캐럴, 손영미 역, 《이상한 나라의 앨리스》, 시공주니어, 2001. (p87, p88)
- 헤르만 헤세, 전영애 역, 《데미안》, 민음사, 2000. (p9, p123, p190, p191)
- 호아킴 데 포사다 · 레이먼드 조, 《바보 빅터》, 한국경제신문, 2011. (p88, p104~105)
- 오스 기니스, 홍병룡 역, 《소명》, IVP, 2006. (p8)
- 미치 앨봄 · 모리 슈워츠, 공경희 역, 《모리와 함께한 화요일》, 살림출판사, 2017. (p61)
- 샤를 단치, 임명주 역, 《왜 책을 읽는가》, 이루, 2013. (p39, p91)
- 유시민, 《어떻게 살 것인가》, 생각의 길, 2013. (p11)
- 사이토 다카시, 이정은 역, 《곁에 두고 읽는 니체》, 홍익출판사, 2015. (p216)

제2장. 본질을 꿰뚫는 질문의 힘

- 강신주 · 김상근 외 4명, 《나는 누구인가》, 21세기북스, 2016. (p80)
- 고은 · 최인철 외 7명, 《어떻게 살 것인가》, 21세기북스, 2016. (p14)
- 최재천 · 황농문 외 6명, 《나는 어떻게 죽을 것인가》, 21세기북스, 2016. (p215)

- 알베르토 망구엘, 정명진 역, 《독서의 역사》, 세종서적, 2016. (p141)
- DR하브루타교육연구회, 《하브루타 질문수업》, 경향비피, 2016. (p45)
- 클라우스 슈밥, 송경진 역, 《클라우스 슈밥의 제4차 산업혁명》, 새로운현재, 2016. (p13)
- 김대식, 《김대식의 인간 vs 기계》, 동아시아, 2016. (p308~309)
- 한기호, 《인공지능 시대의 삶》, 어른의시간, 2016. (p259)
- 앤서니 라빈스, 조진형 역, 《네 안에 잠든 거인을 깨워라》, 씨앗을뿌리는사람, 2008. (p282, p293~301)
- 헤르만 헤세, 김지선 역, 《헤르만 헤세의 독서의 기술》, 뜨인돌, 2006. (p173, p187, p189)
- 박웅현, 《다시 책은 도끼다》, 북하우스, 2016. (p6)
- 엄윤숙 · 한정주, 《조선 지식인의 독서노트》, 포럼, 2008. (p27,)
- 쇼펜하우어, 김욱 역, 《쇼펜하우어 문장론》, 지훈, 2005. (p11~12, p18)
- 김종원, 《사색이 자본이다》, 사람in, 2015. (p74)
- 이지성, 《리딩으로 리드하라》, 문학동네, 2015. (p77)
- 정민, 《다산선생 지식경영법》, 김영사, 2006. (p154~155)
- 정민, 《정민 선생님이 들려주는 고전 독서법》, 보림, 2012. (p116)

제3장. 질문 독서법이란 무엇인가

- 모티머 아들러 · 찰스 반 도렌, 독고 앤 역, 《생각을 넓혀주는 독서법》, 멘토, 2012. (p15, p57, p58)
- 모티머 아들러 외, 민병덕 역, 《독서의 기술》, 범우사, 2010. (p13)
- 알베르토 망구엘, 정명진 역, 《독서의 역사》, 세종서적, 2016. (p61)

- 헤르만 헤세, 김지선 역, 《헤르만 헤세의 독서의 기술》, 뜨인돌, 2006. (p11)
- 사이토 다카시, 김효진 역, 《독서는 절대 나를 배신하지 않는다》, 걷는 나무, 2015. (p151)
- 엄윤숙·한정주, 《조선 지식인의 독서노트》, 포럼, 2008. (p60)
- 장경철, 《책 읽기의 즐거운 혁명》, 두란노, 2002. (p54)
- 이석연, 《책, 인생을 사로잡다》, 까만양, 2012. (p28)
- 이효정, 《언더라인》, 초록물고기, 2015. (p8~9)
- 이지성, 《리딩으로 리드하라》, 문학동네, 2015. (p254)
- 정민, 《정민 선생님이 들려주는 고전 독서법》, 보림, 2012. (p122)
- 박경남, 《조선 왕의 독서법》, 북씽크, 2014. (p159)
- 박웅현, 《책은 도끼다》, 북하우스, 2011. (p14)
- 알베르토 망구엘, 정명진 역, 《독서의 역사》, 세종서적, 2016. (p97~98)
- 정민, 《오직 독서뿐》, 김영사, 2013. (p45, p123)
- 박경철, 《시골의사 박경철의 자기혁명》, 리더스북, 2011. (p295)
- 프리드리히 니체, 강두식 역, 《인간적인 너무나 인간적인》, 동서문화사, 2016. (p400)
- 엄윤숙·한정주, 《조선 지식인의 독서노트》, 포럼, 2008. (p157~158, p196)

제4장. 실전! 어떻게 질문하고 삶을 바꿀 것인가

- 트리나 폴러스, 김석희 역, 《꽃들에게 희망을》, 시공주니어, 1999. (p4, p75, p80)

- 앙투안 드 생텍쥐페리, 김이랑 역, 《어린왕자》, 시간과공간사, 2015. (p56~57, p89~90, p96~97, p117)
- 공자, 김형찬 역, 《논어》, 홍익출판사, 2016. (p38, p40, p101, p139)
- 빅터 프랭클, 이시형 역, 《죽음의 수용소에서》, 청아출판사, 2005. (p10, p19, p137, p138, p142, p184)
- 리처드 바크, 공경희 역, 《갈매기의 꿈》, 현문미디어, 2015. (p37, p56, p99, p110)
- 미치 앨봄·모리 슈워츠, 공경희 역, 《모리와 함께한 화요일》, 살림출판사, 2017. (p66, p77, p176, p222)

제5장. 나는 질문 독서로 인생을 바꿨다

- 헤르만 헤세, 김지선 역, 《헤르만 헤세의 독서의 기술》, 뜨인돌, 2006. (p109)

질문하는 독서법

지은이 | 임재성
발행처 | 도서출판 평단
발행인 | 최석두

신고번호 | 제2015-00132호
신고연월일 | 1988년 07월 06일

초판 1쇄 발행 | 2018년 1월 19일
초판 3쇄 발행 | 2019년 4월 30일

우편번호 | 10594
주소 | 경기도 고양시 덕양구 통일로 140(동산동 376)
삼송테크노밸리 A동 351호
전화번호 | (02) 325-8144(代)
팩스번호 | (02) 325-8143
이메일 | pyongdan@daum.net
이메일 | http://blog.naver.com/pyongdan

ISBN | 978-89-7343-503-6 03320

값 · 15,000원

이 도서의 국립중앙도서관 출판예정도서목록(CIP)은 서지정보유통지원시스템 홈페이지(seoji.nl.go.kr)와 국가자료공동목록시스템(www.nl.go.kr/kolisnet)에서 이용하실 수 있습니다.(CIP 제어번호: **CIP2017033175**)